LA SYRIE

AVANT 1860

PARIS. — IMP. W. REMQUET, GOUPY ET Cⁱᵉ, RUE GARANCIÈRE, 5.

LA SYRIE

AVANT 1860

PAR

GEORGES DE SALVERTE

AUDITEUR AU CONSEIL D'ÉTAT

PARIS

P. BRUNET, LIBRAIRE-ÉDITEUR

7, rue du Cherche-Midi

—

1861

A MADAME

LA BARONNE DE JANZÉ

NÉE DE CHOISEUL-GOUFFIER.

MADAME,

On assure que la jeune et charmante duchesse de Choiseul ne fut pas étrangère au succès du *Voyage d'Anacharsis*, en déclarant hautement son estime pour l'ouvrage et pour l'auteur. Vous avez bien voulu accepter l'hommage de ce livre ; et, si la grâce et l'esprit, héréditaires dans une noble famille, ont encore le même prestige, votre suffrage éclairé me permet d'espérer dès à présent, pour ces simples récits, le bon accueil du public.

Vous n'y trouverez, Madame, ni les savantes recherches ni l'art ingénieux avec lesquels l'abbé Barthélemy, interrogeant les poëtes, les historiens, les philosophes de la Grèce, faisait revivre toute une civilisation, disparue depuis de longs siècles. Mon livre n'est que le journal d'un voyageur ; encore ces souvenirs d'hier semblent-ils déjà vieux aujourd'hui. Quand je voyais partout en Syrie la religion catholique se relever, pleine de vie et d'avenir, je ne m'attendais pas qu'un retour de barbarie dût sitôt l'accabler, et ruiner, pour longtemps peut-être, tant de pieuses institutions. Mais si l'esquisse que je traçais alors contraste douloureusement avec l'état actuel des chrétiens dans ces belles et malheureuses contrées, mon témoignage en paraîtra d'autant plus sincère.

Daignez agréer, Madame, l'hommage de mon profond respect.

GEORGES DE SALVERTE.

Décembre 1860

LA SYRIE

AVANT 1860

- — - --

**La Syrie. — L'enseignement catholique. — Les Mission-
naires et les Sœurs.**

Vers le Nord se dirige irrésistiblement l'aiguille aimantée ; les oiseaux de nos climats quittent régulièrement ces froides régions pour chercher au loin le Midi. Ces mystérieuses attractions
ne peuvent toutefois donner qu'une faible idée
du besoin impérieux, qui pousse incessamment
des âmes ferventes vers l'Orient, berceau du
monde, où l'Éternel a donné lui-même l'Ancienne et la Nouvelle Loi. Il semble, à ces cœurs
religieux, qu'ils seront plus près de la divinité
sur cette terre consacrée par tant de miracles.
Forts de cette espérance, heureux de cet appui
secret, ils courent avec joie au-devant des plus

1

pénibles travaux. Le pèlerin, parti pour adorer le tombeau du Christ dans Jérusalem, se sent forcé à parcourir la Terre-Sainte, et entraîné à revenir encore pour visiter l'Égypte et la Syrie.

Cette contrée, que les Turcs appellent Schâm, figure assez exactement un carré, borné au nord par la Cilicie, au sud par la Palestine, à l'est par le désert, à l'ouest par la Méditerranée. Une particularité remarquable la distingue des autres provinces asiatiques de l'Empire ottoman: les chrétiens y sont fort nombreux; et, parmi eux, la plupart reconnaissent l'autorité de l'Église romaine. De là des rapports sinon continuels, du moins très-fréquents, avec l'Occident. De là une protection qui n'a pas toujours été un vain mot, des secours, des aumônes, et, par-dessus tout, la lumière et les bienfaits de notre enseignement catholique.

L'enseignement catholique! c'est par lui que ce peuple grandit; c'est lui qui assure son glorieux avenir. Sur ce seul point, l'œuvre de régénération a déjà commencé. Nulle terre ne semblait plus digne d'être éclairée par nos missionnaires, nulle n'a mieux profité de leurs héroïques efforts.

Aussi, grand est leur nombre. On ne compte pas moins de sept communautés différentes qui, s'arrachant d'Europe, sont venues s'établir en Syrie.

1° L'Ordre des Frères-Mineurs, fondé par saint François d'Assises, brille au premier rang comme le plus important et le plus ancien. Il se divise en deux branches principales :

Les *Franciscains de Terre-Sainte* possédant *sept* établissements en Syrie : à Alep, à Damas, à Beyrouth, à Tripoli, à Harissa, à Lattakié, à Saïda. Ils y desservent *neuf* églises ou chapelles formant paroisse. Ils tiennent *un* collége, *six* écoles de garçons et *trois* de filles.

Les PP. *Capucins*, qui ont un petit nombre d'écoles.

2° Les Carmes, également peu nombreux.

3° Les Jésuites, autrefois répandus sur toute la surface de la Syrie, y sont revenus depuis peu d'années. Ils comptent déjà *six* missions, autant d'écoles, à Beyrouth, à Ghazir, à Za'hlèh, à Bekfaya, à Mollakah, à Saïda, *un* séminaire, et *un* collége.

4° Les Lazaristes, qui ont pris leur place à Alep, à Damas, à Tripoli, à Beyrouth et à Antûrah. Quinze prêtres et dix laïques sont répartis dans ces cinq établissements.

Il est impossible de séparer ces deux congrégations d'hommes dans l'histoire des missions de Syrie. Leurs devoirs les rapprochent, leur vie les unit, leurs succès les égalent. Parfois ils se succèdent : ils s'assistent toujours et se suppléent le plus souvent.

Leur enseignement n'est en effet pas le même. Les Jésuites, s'adonnant particulièrement aux fortes études, s'appliquent à entretenir une pépinière droite et saine d'ecclésiastiques indigènes. Les Lazaristes, cédant aux instances d'une population nombreuse et encore ignorante, se vouent aux fonctions plus humbles de l'enseignement élémentaire. Ils savent donner cette instruction simple, qui développe et dirige l'intelligence en formant de bons citoyens.

5° Enfin de pieuses femmes ont aussi leur part, et une part très-grande, dans le bien général. Les Sœurs de Saint-Vincent de Paul, qui ne forment avec les Lazaristes qu'une même congrégation, se sont fixées à côté d'eux à Beyrouth et à Damas.

6° Au secours de leurs établissements de Saïda

et d'Alep, les Pères de Terre-Sainte ont appelé de Marseille nos Sœurs de Saint-Joseph.

De ces sept Ordres religieux, trois au moins sont exclusivement français ; tous sont garantis par la protection de la France.

Examen de l'état présent de ces pieuses colonies européennes, recherche des causes qui ont amené leur rapide accroissement, explication de leur heureuse influence sur le développement de l'instruction indigène : tels seront les traits principaux de ce récit. Écrivant au retour d'un voyage en Orient, nous n'avons voulu mentionner que des faits certains, confirmés par d'exacts documents et par des observations récentes.

I

Il suffit à présent d'une semaine pour aller de
Constantinople en Syrie. Où peut-on espérer une
traversée plus intéressante dans un temps aussi
court ? Un jour entier se passe à naviguer sur un
lac admirable entre l'Europe et l'Asie. Puis,
franchissant les Dardanelles, on côtoye les bords
héroïques de la Troade, pour entrer dans le beau
port de Smyrne. Un jour encore on vogue dans
l'Archipel, en longeant Chio, Samos et Pathmos
la prophétique. On touche à Rhodes, la ville des
chevaliers ; à Mersina, port de Tarse.

On s'arrête non loin de l'embouchure du
Cydnus. Le Cydnus ! nom à jamais célèbre dans
l'histoire : le frère et le rival du Simoïs et du
Scamandre. Mince ruisseau que des récits presque fabuleux nous représentent chargé d'un
nombre infini de galères, au temps où Cléopâtre,

entourée des splendeurs d'une reine et des grâces
d'une déesse, remontait son cours pour subju-
guer le cœur d'Antoine. Douze siècles plus tard,
l'empereur Frédéric Barberousse se noyait dans
ces eaux, qui avaient failli arrêter Alexandre au
milieu de ses victoires. Tant que la domination
latine se maintint dans la Syrie, le Cydnus mar-
qua les limites de cette principauté d'Antioche,
illustrée par Tancrède et Bohémond.

Bientôt après Mersina, l'on aperçoit les montagnes bleuâtres de l'île de Chypre, sans perdre de
vue les sommets neigeux du Taurus. Tout à coup
le rivage du continent forme brusquement un
coude et se dirige perpendiculairement du nord
au sud. Quelques misérables cabanes couvertes
de feuillages, et reposant sur quatre pieux comme
sur de longues échasses, se dressent çà et là au
milieu de maigres palmiers. Ici fut livrée la mé-
morable bataille d'Issus, là commence la Syrie :
ces cabanes sont Alexandrette, port d'Alep. De
ville, de port, nulle apparence.

L'Echelle d'Alexandrette est cependant le lieu
d'un commerce considérable. La veille de l'arrivée du paquebot, de longues files de chameaux
pesamment chargés viennent déposer sur la plage

les balles de coton indigène expédiées par les négociants d'Alep. Les étoffes, les riches produits
des Indes et de la Perse s'y rendent à leur tour.

Le petit nombre de voyageurs qui arrivaient
d'Europe pour traverser le désert en caravanes
et pousser jusqu'à Bagdad ou à Ispahan, trouvaient naguère encore une hospitalité cordiale
dans le couvent des Pères de Terre-Sainte. Les
négociants français établis à Alexandrette possé-
daient même une belle église. Tout a été pillé,
détruit, ravagé par la vengeance des Arabes, en
représailles terribles de l'invasion de la Syrie par
le général Bonaparte.

Cinquante années se sont écoulées, et Alexandrette essaie à peine de sortir de ses ruines. La
religion catholique et la prospérité de la ville ont
paru anéanties du même coup : et toutefois, malgré l'air pestilentiel qu'on y respire, malgré le
dénûment des habitants, tout annonce à ce malheureux port une prochaine résurrection et une
fortune importante. C'est en effet le seul débou-
ché vers l'Europe, le seul point qui relie au reste
de l'Empire ottoman la riche cité d'Alep, située à
trois journées de marche de la mer.

II

Alep est encore le chef-lieu d'un des cinq grands pachaliks. Avant les désastres sans nombre qui l'ont affligée depuis peu d'années, elle comptait deux cent mille habitants, dont le quart environ était chrétien. Le voisinage d'Antioche, où s'était élevée d'abord la chaire du Prince des apôtres, entretenait de précieux souvenirs dans cette foule de croyants et fortifiait leur foi. Les exemples des saints, dont la vie glorieuse se perpétuait par la tradition, leur apprenaient à supporter sans se plaindre les persécutions fréquentes, la prison, le martyre. Malgré de longs siècles écoulés, ils se rattachaient encore de loin aux doctrines de la primitive Église; doctrines qu'altéraient cependant l'ignorance des uns, l'erreur

1.

volontaire des autres, l'orgueil des novateurs et les dangereuses subtilités des hérétiques.

De ces cendres chaudes encore devait se ranimer dans Alep un nouveau foyer de lumières, dont les rayons pénétreraient toute la Syrie. L'étincelle partit de Rome, fille spirituelle d'Antioche et sa bienfaitrice à son tour.

Ce fut en 1625 que le pape Urbain VIII crut nécessaire d'envoyer pour la première fois deux Jésuites dans cette partie de l'Orient. Les PP. Manilier et Stella (l'histoire nous a conservé leurs noms) arrivèrent à Alep l'année suivante, avec la permission du Sultan et sous la protection du roi de France. De pieux auxiliaires vinrent successivement les soulager dans leur sainte entreprise. Louis XIV, qui porta la grandeur de la France et sa prépondérance en Orient à un degré d'élévation inconnu jusqu'alors, savait apprécier l'importance des services rendus par ces missionnaires. Par un brevet de 1679, il leur confirma le titre de chapelains du consulat français à Alep.

Malgré les dangers et les menaces de mort, malgré les pestes sans nombre, la mission se développa rapidement. Les Jésuites ramenaient la religion dans les cœurs qui, depuis longtemps, s'y étaient fermés, réconciliaient les ennemis, convertissaient les hérétiques, visitaient les pauvres, portaient aux malades des remèdes auxquels ils joignaient de pieuses exhortations, et souvent ensevelissaient de leurs propres mains les pestiférés.

Outre leurs exercices spirituels, ils trouvaient encore le temps d'étudier l'arabe et le syriaque, et même de composer un grand nombre d'ouvrages, écrits en langue orientale, pour l'édification des catholiques et la réfutation des erreurs. Mais ils n'ignoraient pas que le point le plus essentiel, l'œuvre sans laquelle toutes les autres n'étaient rien, et qui seule pouvait promettre et garantir l'avenir de la mission, c'était l'enseignement chrétien. Aussi s'y attachèrent-ils tout particulièrement et avec un soin extrême. On les voyait chaque jour catéchiser les enfants rassemblés dans une école, instruire les adultes, et faire pénétrer dans leur cœur les vérités de la foi. Ils avaient même établi trois grandes confréries d'hommes, l'une pour les Francs, l'autre pour les Arméniens, la dernière pour les Maronites et les Syriens.

Pendant un siècle et demi, l'œuvre des Jésui-

tes se continua sans relâche. Tantôt ils obtenaient
l'abjuration d'un grand nombre de Syriens Jaco-
bites, et faisaient rentrer jusqu'à des patriarches
dans le sein de l'Eglise romaine. Tantôt empri-
sonnés par l'influence des schismatiques, ran-
çonnés par ces Pachas avides, qui changent à
tout moment, ils étaient forcés de suspendre leurs
travaux évangéliques; mais ils ne quittaient jamais la place. Les missions de Syrie ne pouvaient
être abandonnées par leurs courageux défen-
seurs, qu'après l'anéantissement total du grand
corps où ils recrutaient sans cesse de nouvelles
forces.

Mais l'arrêt était déjà prononcé.

Les Jésuites, tant de fois sortis vainqueurs d'é-
preuves redoutables, alors menacés de toutes
parts, avaient fini par succomber. Historiens et
poëtes, gazetiers et philosophes, ministres et
souverains, femmes et favoris, chacun, au
xviiie siécle, s'était déchaîné contre eux, chacun
les poursuivait avec une haine implacable. Enfin, en 1773, les incessantes sollicitations des
principales puissances catholiques elles-mêmes
réduisirent le Pape à consentir au sacrifice de
l'Ordre fondé par saint Ignace. Le coup qui

frappait les Jésuites en Europe retentit jusqu'à la Perse et jusqu'à la Chine, et supprima le même jour toutes leurs œuvres dans le Levant, de la Crimée à l'Abyssinie.

Comment se résigner cependant à laisser périr tant de glorieux établissements, si utiles et si chers à l'Eglise ? Pie VII se hâta de les confier aux Lazaristes, dont la congrégation avait été instituée par saint Vincent de Paul, au moment même où les premiers Jésuites entraient dans Alep. Ces nouveaux missionnaires, reprenant en 1782 la tâche interrompue, rivalisèrent d'ardeur et de zèle avec leurs devanciers. La Syrie devint une seconde fois le centre des prédications et des écoles catholiques. Alep même vit refleurir une autre colonie de prêtres français sous la protection de la France.

Cette protection ne leur a jamais fait défaut. Aux plus mauvais jours de nos révolutions, alors que Robespierre faisait célébrer la fête de l'Être-Suprême, il suivait à Constantinople la noble politique de Louis XIV. Il prescrivait à l'ambassadeur de la République de prendre la défense de tous les intérêts catholiques, de ne pas laisser la possession des Lieux-Saints échapper aux mains des Latins, et d'obtenir de la Porte la confirmation des garanties solennelles et des anciens priviléges, accordés aux missionnaires à la sollicitation de nos Rois.

Aujourd'hui des circonstances imprévues ont forcé les Lazaristes à laisser inoccupée leur maison d'Alep. Mais leur mission ne pouvait s'arrêter sans danger pour la religion, ni leurs écoles demeurer vides. Les Pères Franciscains, qui, depuis six siècles, revendiquent le périlleux honneur de veiller à la garde des sanctuaires et au maintien de la foi en Syrie et en Palestine, ont redoublé d'efforts. Le couvent de Terre-Sainte à Alep renferme dès à présent cinq Pères et trois laïques; les uns desservent la province (composée d'environ six cents catholiques latins), et souvent même confessent les fidèles des rites orientaux. Les autres assistent les Religieux dans la tenue du collége, et dans les secours donnés aux malades et aux pauvres en remèdes et en aliments. Sous l'habile et sage direction d'un Français, le P. Bernard (d'Orléans), ce collége a été ouvert le 2 octobre 1859. Il renferme déjà 120 élèves grecs, turcs, arméniens, juifs et catholiques, qui viennent s'y former à la connais-

sance des langues arabe, turque, française et italienne. Un temple nouveau, qui s'élève à grands
frais, remplacera bientôt l'église de *Santa Maria
di Gesù*, devenue insuffisante. En 1849, une
église dédiée à saint Antoine de Padoue a été
bâtie dans le faubourg de Katab, habité par un
grand nombre de catholiques. Chaque jour un
prêtre y vient dire la messe et visiter les familles.
L'école des garçons, dirigée par deux maîtres,
compte 70 élèves, et coûte 1,576 piastres annuellement (350 fr. environ) à la Terre-Sainte.
Les autres dépenses de l'Ordre sont considérables. Sans parler des travaux de l'église de *Katab*, les seuls frais d'acquisition du terrain pour
l'église d'Alep ont monté en 1855 à 121,780 piastres (plus de 27,000 francs).

Une autre congrégation, celle-là toute française, est venue depuis peu s'établir à Alep, sous
l'autorité spirituelle des Pères de Terre-Sainte.
L'Institut des Sœurs de *Saint-Joseph de l'Appari-
tion*, dont la maison-mère est à Marseille, se pro-
page en Orient avec une facilité surprenante. Ces
dignes émules des Sœurs de Saint-Vincent-de-
Paul ont ouvert avec le même zèle, et presque
avec le même succès, des écoles en Asie Mi-

neure, dans l'Archipel, à Chypre, en Palestine et
en Syrie. Grâce aux saints efforts de ces communautés, l'éducation des femmes, si longtemps
négligée, même chez les chrétiens, est aujour-
d'hui remise en honneur. Ce fait seul changera,
dans un avenir prochain et très-sensiblement,
les mœurs du pays. L'instruction variée, donnée
à la femme, et son intelligence habilement déve-
loppée par l'étude sérieuse des vérités de la religion, lui assureront, sans doute, un avantage
marqué dans la famille. Au lieu de la reléguer
dans un appartement secret, suivant l'antique
usage asiatique, l'homme en fera sa compagne,
prendra ses conseils et l'associera aux actes principaux de sa vie. Seules, des Religieuses peuvent
préparer un pareil résultat. Les préjugés jaloux
des Orientaux refuseraient à tout autre instituteur
la faculté d'enseigner, même gratuitement, à
leurs filles.

Les Sœurs de Saint-Joseph rencontrent, il est
vrai, en Syrie, comme dans le reste de l'Empire
ottoman, un obstacle qui semble d'abord insur-
montable : je veux dire leur ignorance des langues orientales. Mais leur bonne volonté ne se
laisse pas décourager par cette difficulté pre-

mière. Elles commencent par faire l'école en italien ; ensuite, apprenant le turc et l'arabe de la
bouche même de leurs élèves, elles savent se
plier en peu de temps aux exigences de la pro-
nonciation. Elles ont d'ailleurs réussi à faire entrer dans leur congrégation quelques jeunes filles
indigènes, déjà élevées de leurs mains. On comprend aisément l'utilité presque providentielle de
pareils auxiliaires.

D'un autre côté, deux jeunes maîtresses appartenant à l'institution Maronite des *Mariamettes*
sont arrivées en 1856 à Alep. Fondée depuis un
quart de siècle à Bekfaya, cette congrégation indigène a sans cesse accru le nombre de ses écoles du Liban, qui comptent déjà près de *quatre
cents petites filles*. Le bruit de ce succès vient d'attirer l'attention de l'évêque Maronite d'Alep. Il
s'est déterminé à transporter deux de ces *Mariamettes* dans sa résidence, et leur a confié à titre
d'essai l'éducation des filles de sa nation.

III

Le chemin d'Alep à Damas, par le désert, que des tribus errantes occupent sans cesse, est toujours dangereux et souvent impossible à parcourir, même pour de fortes caravanes. Il est donc plus sûr, sinon plus direct, de traverser la grande plaine d'Antioche pour regagner la côte, soit à Alexandrette, soit à Lattakié.

Lattakié (l'ancienne Laodicée, à laquelle la mère de Séleucus Nicator avait donné son nom) porte plus qu'aucune autre ville de la Syrie, les traces évidentes de la domination des Grecs et de la conquête romaine.

Ses murailles, que baigne la mer, sont incrustées de colonnes antiques en marbre, en granit ou en porphyre : les unes posées horizontalement, les autres dans le sens de leur diamètre, comme une rangée de gros canons. Nous avons remarqué dans la ville les débris fort reconnaissables d'un ancien temple. Quatre colonnes de l'ordre composite y supportaient encore une frise, où la lourdeur des ornements attestait la décadence de l'art. Plus loin, s'élevait un arc de triomphe, surmonté d'un attique élégamment sculpté. Ailleurs enfin, des masses énormes de nopâls recouvraient des frontons à demi brisés, et des ricins d'un vert intense balançaient leurs tiges élevées au-dessus d'un antique aqueduc.

Sous une voûte presque effondrée nous avons trouvé avec plaisir un peu de fraîcheur et d'ombre ; relisons ensemble l'agréable et fidèle description, qu'a laissée de Lattakié un vieil auteur français, pèlerin du xiiᵉ siècle :

« Cette ville, dit Raoul de Caen, comme on peut le voir encore aujourd'hui par ses ruines seules, se distinguait entre toutes les autres par ses nobles églises, sa population, ses richesses, ses tours, ses palais, ses théâtres et ses édifices de toute sorte. A l'exception d'Antioche, aucune ville de la Syrie ne présente dans son enceinte les traces d'une aussi ancienne noblesse. De nombreuses rangées de colonnes, des aqueducs

pratiqués à travers les précipices, des tours qui
s'élèvent jusqu'aux cieux, des statues qui semblaient veiller sur les places publiques : tous ces
travaux, précieux autant par les matériaux employés que par l'art qui les avait produits,
rendent témoignage de la ville passée, même
dans son état actuel ; de ce qu'elle était dans
son intégrité, maintenant qu'elle est détruite ;
de sa nombreuse population, aujourd'hui qu'elle
est déserte; et ils présentent encore des ouvrages
remarquables, malgré les désastres de diverse
nature qu'ils ont subis. Dans sa longueur la ville
se termine du côté de l'orient à un monticule, du
côté de l'occident à la mer. Sur sa largeur elle a
la plaine des deux autres côtés; dans toute la cir-
conférence on voit une muraille ou des ruines. »

La position de Laodicée était encore si forte au
temps des Croisades, qu'elle résista pendant plus
d'un an et demi aux efforts de Tancrède.

Ce héros chrétien ne put s'en rendre maître
qu'au moyen d'un stratagème : une tente immense, élevée dans la plaine par ses ordres,
abrita un certain nombre de chevaliers choisis.
Le reste de l'armée se dispersa, comme pour faire
du fourrage. Alors les assiégés, voyant le camp

ennemi presque désert, sortirent en foule dans
l'espoir de s'y emparer d'un facile butin, et, pendant leur absence, les vaillants compagnons que
Tancrède avait gardés autour de lui, se rendirent
maîtres de la ville sans rencontrer de résistance
sérieuse.

Mais l'administration de Tancrède ne fut que
de courte durée ; il lui fallut rendre Laodicée à
Bohémond, sorti enfin de sa longue captivité :
les successeurs de ce prince gardèrent cette ville
jusqu'à la ruine totale de leur puissance. En
1287, l'antique Laodicée, prise et rasée par les
Égyptiens, vit périr dans son enceinte Bohémond VII, comte d'Édesse et prince d'Antioche,
dernier descendant de Robert Guiscard.

Aujourd'hui la position militaire de Lattakié a
beaucoup perdu de son importance, et c'est uniquement dans le travail et dans l'industrie de ses
habitants qu'il faut chercher la cause de la prospérité à laquelle cette petite ville semble déjà revenir. De grands champs de tabac l'environnent
et, par leur juste célébrité, assurent sa richesse.
Ces feuilles délicates et parfumées sont, à chaque
récolte, enlevées à la hâte et exportées dans le
monde entier.

A Lattakié, comme partout où le commerce est principalement aux mains des chrétiens, race plus intelligente, plus active, plus persévérante, les facilités du voyage attirent incessamment les Européens dans cette Échelle. La nécessité d'assurer à ces nouveaux venus les bienfaits de la religion ne pouvait échapper aux Pères de Terre-Sainte : dès 1829, l'église de Sainte-Croix et l'hospice, naguère détruits par les Arabes, ont été relevés et rouverts aux pèlerins [1]. Plus tard les étrangers, se fixant dans le pays, sont devenus pères de famille ; ils n'osaient envoyer leurs enfants dans ces chambres basses et malsaines, où des Turcs ignorants et brutaux ne savent que leur apprendre à chanter les versets du Kôran. Mais la tolérance du gouvernement *égyptien* ne proscrivait plus alors en Syrie l'enseignement civilisateur de l'Europe. Deux écoles s'ouvrirent aussitôt sous la direction des PP. Franciscains : l'une, tenue par deux maîtres, comprend aujourd'hui soixante garçons; l'autre, tenue par deux maîtresses, reçoit quatre-vingts jeunes filles. Cent quarante enfants, pour le moins,

---

[1] L'église de Lattakié a été encore agrandie en 1857, et un nouveau cimetière a été établi en 1859.

fréquentent donc les classes de Lattakié, bien que la population latine de la paroisse ne monte pas à plus de quatre cents âmes, dont les trois quarts sont Maronites.

La dépense totale de ces enseignements s'élève à 2,906 piastres annuellement, en y comprenant les livres, le papier et tous les menus frais que l'Ordre des Frères-Mineurs prend également à sa charge. Le traitement des deux maîtresses y figure pour 1,586 piastres, soit 177 francs environ pour chacune d'elles ; dépense minime en soi, mais assurément fort lourde, quand elle s'ajoute à tant d'autres qui retombent exclusivement sur les Pères de Terre-Sainte.

C'est qu'en effet dans le budget annuel de ces modestes Religieux les dépenses ne s'élèvent pas à moins de 1,170,800 piastres, représentant une somme de 292,700 francs, parmi lesquelles il faut compter 285,500 piastres pour les pauvres et 226,000 piastres pour l'instruction des 2,200 enfants répartis dans leurs 26 écoles, sous la direction des 39 maîtres et des 14 maîtresses.

Ces 226,000 piastres se décomposent ainsi : 24,000 piastres pour l'imprimerie de Jérusalem, dont les caractères arabes ont été donnés aux

Pères de Terre-Sainte par la famille impériale d'Autriche ;

56,000 piastres pour l'entretien des **28** maîtres et maîtresses indigènes, n'appartenant à aucune congrégation religieuse ;

146,000 piastres pour l'instruction chrétienne, littéraire et même professionnelle des enfants ; pour les livres, le papier, etc., etc. ; pour la nourriture et l'entretien, non-seulement des élèves, mais quelquefois encore des parents.

Il faut de plus ajouter à ces dépenses l'entretien annuel des **17** maîtres appartenant à l'Ordre de Saint-François et des 8 Sœurs de Saint-Joseph.

IV

De Lattakié à Tripoli le bateau à vapeur ne perd jamais la côte de vue : la traversée ne dure que quelques heures.

Les murs du port sont là, comme à Lattakié, encore tout garnis de colonnes : un vieux château des Croisés en défend l'entrée. Presqu'à l'embouchure du fleuve saint (Nahr-Gadisha) est située la *marina* de Tripoli, à une bonne demi-lieue de la ville. Les beaux aspects du Liban et de la mer, la verdure extraordinaire de la campagne, le bruit des sources qui descendent avec la route, donnent à cette promenade un charme auquel les Turcs mêmes, dont les maisons sont éparses au pied de la montagne, ne paraissent pas tout à fait insensibles.

2.

Les jardins de Tripoli sont vantés par les Arabes, presque à l'égal de ceux de Damas : comme eux, ils feraient hausser les épaules aux ingénieux dessinateurs de nos bois et de nos parcs anglais. Cependant ils ne m'ont guères paru au-dessous de leur réputation, tant le voisinage du désert, de la terre desséchée et des montagnes nues ajoute à leur séduction, et rehausse leur mérite aux yeux fatigués du voyageur ! Rien ne ressemble moins à ce que nous nommons jardin, il faut en convenir; mais ne doit-on tenir aucun compte de la nature si différente du sol, de la variété du climat, et surtout du goût particulier des habitants?

Figurez-vous donc au bord d'un chemin poudreux un mur jaloux, qui conserve le mystère de cet endroit délicieux. Point de gazon, point de massifs, aucun découvert. De grandes allées bien droites, bien larges, mais bien touffues, de sycomores ou d'aliziers, sont bordées d'une haie épaisse de buis ou de cyprès taillée comme nos charmilles. A droite, à gauche s'ouvrent de petits sentiers, conduisant à des carrés réservés, parterres en miniatures, abrités du soleil et du vent, où les roses de Bengale, les tubéreuses et les œillets couvrent littéralement la surface de la terre.

Plus loin, après mille détours, on arrive aux plantes et aux fleurs les plus rares, rassemblées dans un lieu solitaire, où elles semblent vouloir cacher à tous les regards leur grâce et leur beauté. Des puits profonds conservent en toute saison une eau excellente et glacée. Plusieurs ruisseaux murmurent en arrosant le jardin : ils vont se réunir, pour former une jolie rivière, au pied d'un kiosque pavé de mosaïques et ouvert de tous côtés. Glissez-vous au milieu des grosses touffes de bananiers qui en gardent l'entrée, vous trouverez dans ce pavillon un précieux refuge contre les ardeurs du Midi. Asseyons-nous sur les larges coussins du divan rembourré de fougère et de feuilles de roses. Notre hôte veut que nous soyons à notre aise, et rien ne nous oblige à rompre le silence et à sortir de notre rêverie...

Cependant une chaude et vague *nebbia* blanchit à l'horizon, et semble vouloir confondre le ciel si pur avec la mer azurée. On voit au loin un petit bateau ballotté par les vagues, car cette plage si charmante est peu sûre et féconde en dangers. Nous montrons cette barque à l'Arabe qui, pour passer le temps, nous assure-t-il, et divertir ses visiteurs, commence gravement un de ces contes merveilleux dont l'Orient est si fier.

« Un jour, il y a bien longtemps — nous dit-il
« en s'appuyant sur les coussins et en quittant sa
« pipe de jasmin — car les années des hommes
« passent vite et Allah seul est éternel ! Un jour
« l'un de nos califes traversait cette mer sur une
« barque aussi légère que celle-ci. Une tempête
« s'éleva, et le Commandeur des Croyants, épou-
« vanté, faillit renverser le bateau en cherchant
« à se saisir du gouvernail ou de la rame.

« Insensé, calme-toi, lui cria le pilote en le re-
« gardant avec mépris ; ne vois-tu pas que j'ai à
« lutter contre trois grands rois : le vent, l'orage
« et toi? Mais seul tu peux m'entendre, et c'est
« pourquoi je te commande de t'arrêter. »

Le calife fut si charmé, au dire de mon hôte,
de ce sang-froid héroïque, qu'il donna aussitôt
au batelier la direction suprême de toutes ses galères.

Après une nouvelle pause, je demande au sen-
tencieux Arabe s'il a jamais visité Chypre, où
nous avons eu le regret de ne pas aborder? Il y a
été, en effet, et comme il connaît la géographie,
il veut me donner une raison fort curieuse, sinon
très-plausible, de la manière dont s'est formée la

longue pointe que cette île avance vers la Syrie :

« Un pauvre Derviche de notre côte, continue-
« t-il, avait coutume aux jours solennels, établis
« par le fidèle serviteur de Dieu, notre grand
« Prophète, de s'embarquer pour passer la mer et
« prier dans une très-sainte mosquée de l'île de
« Chypre. Une fois, en arrivant à l'endroit où il
« avait amarré sa barque, il la vit de loin dispa-
« raître au milieu des vagues furieuses. Le digne
« homme se prosterna devant le Seigneur, et le
« supplia de lui permettre d'accomplir néanmoins
« son pèlerinage. Celui qui écoute même la plainte
« du ver et la voix de la fourmi ne put rester
« sourd à cette prière.

« Prends dans ta robe, dit-il au Derviche, au-
« tant de sable qu'elle en peut contenir, et ré-
« pands-le hardiment devant toi en marchant sur
« les vagues : tu arriveras à Chypre par un pont
« solide, qui retombera dans la mer après que toi
« seul y auras passé. »

« Le Derviche accomplit les ordres d'Allah :
« mais avant de toucher terre, comme il voyait
« déjà briller les minarets de la mosquée, il s'a-
« perçut que toute sa provision de sable était
« épuisée, et que devant comme derrière il se

2.

« trouvait à la merci des flots. Il adora donc le
« Créateur qui, par cet exemple, avait voulu
« exercer sa foi, et montrer l'imprévoyance et
« l'impuissance de l'homme le plus saint sans le
« secours continuel de Dieu. Tant d'humilité, tant
« de soumission, obtinrent leur récompense, et
« l'île s'avança d'elle-même vers l'orient à la ren-
« contre du Derviche. »

Tandis que nous écoutons ces apologues po-
pulaires, dont la morale est souvent élevée et
pure, les ombres du soir sont descendues sur le
jardin. La montagne nous envoie ses brises parfumées de mille odeurs sauvages. Au loin se pro-
longent les grands champs de mûriers, au-dessus
desquels un bois de vieux oliviers élève son
feuillage argentin. Tout à côté de nous, les pista-
chiers, les néfliers, les abricotiers, les poivriers,
plantés au hasard, entourent de beaux acacias.
De larges *convolvulus*, étalant leurs fleurs bleues,
roses ou pourpres, grimpent sur la tige élancée
des palmiers, d'où retombent les régimes de dattes déjà mûres....

Marche, marche toujours, pauvre voyageur!
Quitte avec regret ce ravissant séjour, et dis
adieu aux amis d'un moment qui t'ont si bien

accueilli! Hâtons-nous, il se fait tard et nous
pourrons difficilement regagner la ville, à travers le labyrinthe de murailles et de fossés qui
nous entourent.

Au temps des Croisades, Tripoli fut la capitale
d'un État indépendant, qui subsista encore après
la prise de Jérusalem [1]. Ses hautes voûtes, ses
tours, ses rues étroites et ses maisons crénelées
lui ont conservé l'aspect d'une ville du moyen
âge. Elle a toujours compté dans son enceinte
un nombre important de chrétiens.

La troisième mission des Jésuites en Syrie y
fut établie par le P. *Amieu*. Pendant vingt-cinq
années d'une vie apostolique, ce vaillant Religieux
ne cessa de faire des instructions en français et en
arabe pour les habitants de Tripoli, et des catéchismes dans les villages voisins. En même temps il en-
voyait au collége fondé à Rome par Grégoire XIII
un certain nombre de Maronites qui se destinaient
à l'état ecclésiastique. Formés dans ce savant
séminaire, ces jeunes gens devinrent pour la

---

[1] Jérusalem fut perdue définitivement en 1244. Le comté de
Tripoli, qui avait absorbé la principauté d'Antioche, subsista jus-
qu'en 1288. Acre, prise en 1291, était la dernière possession des
Latins en Syrie.

plupart d'habiles théologiens et des prêtres distingués.

Les successeurs du P. Amieu continuèrent
son œuvre. — Presque tous joignaient à leur réputation d'hommes charitables et dévoués celle
de bons médecins : ils obtenaient par là un facile
accès chez les schismatiques, et même chez les
Turcs. Beaucoup d'enfants baptisés de leurs
mains, un grand nombre d'hérétiques convertis
(parmi lesquels tout un couvent de Religieux),
une école ouverte avec succès dans la ville, les
parents éclairés et ramenés à la religion par leurs
enfants : voilà quels furent les fruits principaux
de la mission de Tripoli. Jusqu'à la suppression
de l'Ordre des Jésuites, cette ville, qui formait
comme le centre de leurs établissements en Syrie,
fut la résidence habituelle de leurs supérieurs
provinciaux.

Aujourd'hui les Lazaristes les ont remplacés à
Tripoli. Leur mission se compose uniquement de
trois Pères et d'un Frère, qui parcourent continuellement les villages de la côte et du Liban.
Elle compte de plus un missionnaire dans la
montagne, auprès des Cèdres. Ce prêtre assiste
spirituellement la petite école primaire ouverte

en 1856 à Éden par les Sœurs de charité de Beyrouth, et que fréquentent déjà près de quarante
jeunes élèves.

Le nombre des catholiques latins de Tripoli s'é-
lève à cinq cent vingt-cinq en y comprenant les
Maronites ; leur paroisse est desservie par les
Franciscains de Terre-Sainte.

Ces Pères ont construit dans la ville un hospice
pour les étrangers. Ils ont de plus pourvu sage-
ment aux besoins spirituels des habitants du
port, pour la plupart catholiques. Un second hospice et une église, fondés en 1856, au bord même
de la mer, seront bientôt terminés.

En même temps quatre écoles pour les enfants
des deux sexes ont été établies par leurs soins.
Dans les écoles de filles, soixante-dix élèves sont
placées sous la direction de deux institutrices
laïques, sorties de l'École normale des Sœurs de
charité de Beyrouth, et dont chacune reçoit un
traitement de 800 piastres (180 francs). Quatre-
vingt-dix garçons viennent aux autres écoles,
où la classe est faite par trois maîtres, dont un
Religieux. Le traitement de chacun des maîtres
laïques n'est que de 635 piastres (141 francs)
seulement. Il reste donc au-dessous de celui des

institutrices dans la même ville : fait assez remarquable, et qui mérite d'être signalé. La dépense totale des écoles de Tripoli monte annuellement à 2,906 piastres.

Un peu avant d'arriver à Beyrouth, sur la côte
de Djebaïl, l'ancienne Byblos, on nous montra
l'endroit où, suivant la tradition, la baleine rejeta
le prophète Jonas.

Jonas avait reçu de Dieu l'ordre d'aller prédire
aux Ninivites les malheurs qui étaient réservés à
leur ville infidèle. Il répugnait à cette pénible
mission, et, pour s'y soustraire, il s'était embar-
qué à Joppé (la moderne Jaffa), alors comme aujourd'hui port de Jérusalem.

Il faisait voile vers l'Occident quand une hor-
rible tempête s'élève : chacun s'épouvante et in-
voque ses dieux. Jonas seul reste endormi,
comme plus tard Jésus-Christ au milieu des flots
soulevés de la mer de Galilée. Enfin on l'éveille,
il reconnaît sa faute, et, pour se punir — peut-être
aussi pour échapper, au prix de sa vie, à la dure
obligation qui lui avait été imposée — il demande
qu'on le jette à la mer. Dieu ne voulut point accepter son sacrifice : un énorme poisson englou-
tit le prophète, qui demeura trois jours et trois

nuits dans son ventre; figurant ainsi, suivant l'interprétation donnée par Jésus-Christ lui-même, la descente aux enfers, et la résurrection du Fils de l'homme après trois jours passés dans le sein de la terre [1].

Enfin le poisson vomit Jonas sur la côte de Syrie. Désormais docile à la voix du Seigneur, il courut annoncer à Ninive tous les maux qui devaient fondre sur elle, et s'acquitta avec une extrême énergie de ce rigoureux devoir.

Mais ici la miséricorde et la patience divines allaient éclater encore une fois. A la prédication de Jonas, Ninive entière, depuis son roi jusqu'aux derniers des animaux, fit pénitence dans le sac et dans la cendre. Le spectacle de cette grande ville soudainement convertie fléchit Jéhovah, mais n'adoucit pas Jonas — image de l'homme, toujours emporté vers les extrêmes, tantôt dans le bien et tantôt dans le mal.

Le prophète se plaignit amèrement au Seigneur de cette indulgence infinie; et comme son orgueil se refusait à croire que ses prédictions seraient vaines, il sortit de Ninive, et

---

[1] Matth., XII, 40.

attendit dans le voisinage quel serait le sort de cette ville si longtemps rebelle.

« Mais Dieu, qui le voulait revêtir de l'esprit de « la nouvelle alliance, qui est une alliance de mi- « séricorde, de réconciliation et de pardon, et lui « ôter cet esprit dur, qui devait comme régner en « ce temps-là à cause de la dureté du cœur de « l'homme, sécha, comme on sait, la branche « verte qu'il avait fait élever sur la tête de Jonas, « pour le défendre de l'ardeur brûlante du soleil « et des vents de ces pays qu'il avait excités ex- « près[1]. »

Et comme Jonas, s'en affligeant, passa de la colère à un abattement extrême, et demanda jus-qu'à trois fois la mort :

« Tu t'affliges, lui dit le Seigneur, de la perte « d'un rameau vert que tu n'as point fait, et dont « la naissance ne t'a coûté aucun travail, qui est « né en une nuit et qui est mort la nuit suivante; « et tu ne veux pas que j'aie pitié de l'ouvrage « de mes mains, de cette ville immense qui ren- « ferme tant d'innocents[2] ! »

---

[1] Bossuet, *Méditations sur l'Évangile.*
[2] Jon., IV, 10-11.

V

La première Échelle qui vient après Tripoli est Beyrouth, ville riche, commerçante, au pied du Liban, à trente lieues de Damas, et actuellement le port principal de la Syrie. Toutes les nations européennes y ont des Consuls. Le grand nombre de Francs qu'y attire le négoce, et sa proximité du pays des Maronites, lui donnent l'apparence d'une ville presque exclusivement chrétienne. Sans parler des schismatiques, elle ne compte pas moins de trois évêques catholiques; l'un grec, Mgr Agabios, l'autre maronite, Mgr Tobias, le dernier, arménien.

Les chrétiens y montrent encore le tombeau du saint apôtre Jude, qui mourut, disent-ils, à Beyrouth, dans un âge fort avancé. Saint Jude était

3

frère de saint Jacques le Mineur, et par consé-
quent cousin germain de Notre-Seigneur, dont il
est plus d'une fois appelé le frère dans l'Évangile.

On voit, par l'Épître qu'il nous a laissée, que
les fidèles commençaient déjà à perdre de vue
les préceptes de Jésus-Christ, pour embrasser
follement les dangereuses erreurs des hérétiques.
Saint Jude les supplie de demeurer fermes dans
la foi, et de résister à la séduction de leurs pas-
sions. Il maudit l'impiété des novateurs qui se
glissent au banquet sacré avec la jalousie de
Caïn, la cupidité de Balaam, et l'esprit rebelle de
Coré :

« Ce sont, continue-t-il dans un style rempli
d'images, des nuées sans eau que le vent em-
porte çà et là; ce sont des arbres stériles, dou-
blement morts et déracinés; ce sont des vagues
furieuses d'où s'élancent, comme une écume
dégoûtante, leurs ordures et leurs infamies; ce
sont des météores errants, sortis un instant de
l'abîme pour éblouir les âmes pieuses, et qui
vont se replonger dans une tempête noire et té-
nébreuse pour l'éternité. »

Il y a, si je ne me trompe, dans cette Épître un
caractère particulier, aussi différent de la simpli-

cité de saint Pierre et de la douceur de saint Jean, que de la force de saint Paul. N'est-il pas croyable que saint Jude, s'adressant en quelque sorte à ses diocésains, ait voulu parler leur langage? et qu'il se soit appliqué à leur présenter les vérités de la foi, revêtues de cette forme éloquente et poétique, qui devait si naturellement charmer la brillante imagination des peuples de la Syrie?

Beyrouth est en effet depuis longtemps célèbre par la culture des lettres, et par l'empressement avec lequel ses habitants ont reconnu et recherché les bienfaits de l'enseignement. Sans vouloir remonter jusqu'à Cadmus, qui le premier, dit-on, introduisit dans la Grèce l'usage de l'alphabet phénicien, n'oublions pas les faveurs dont l'empereur Auguste combla cette ville, qu'il se plaisait à nommer sa colonie. Il lui accorda le droit d'avoir des écoles publiques, et cette autorisation fut confirmée par Adrien et par ses successeurs.

C'est qu'en effet le charme des lieux, la salubrité et la douceur du climat, l'heureuse situation d'un port où viennent s'échanger les produits de l'Europe, de l'Égypte et de l'Asie, ont donné de

tout temps à Beyrouth une population nombreuse,
riche et intelligente. Comme ces plantes mer-
veilleuses, qui, mal à l'aise et repliées sur elles-
mêmes dans nos serres, se développent et s'épa-
nouissent en atteignant des grandeurs inconnues
dans les belles régions du Midi, l'intelligence
emprunte aussi ses dons les plus précieux à la
richesse et à la force du sol. Cette terre féconde,
illustrée par de magiques souvenirs, et que le
soleil aime à dorer de ses rayons les plus doux,
cette noble Syrie prodigue à ses enfants la beauté,
la vivacité de l'esprit, l'habileté singulière à ma-
nier toutes les langues, l'aptitude rapide à toutes
sortes de travaux. Nulle part aussi l'éducation
n'est en plus grand honneur dans l'Orient; chacun agit, s'exerce, veut s'instruire; chacun est
possédé du généreux désir d'apprendre.

Les glorieux enfants de Saint-François-d'Assises, de Saint-Ignace-de-Loyola et de Saint-Vincent-de-Paul sont donc accourus sur ce sol béni,
dont ils ont pris possession par une nouvelle et
pacifique croisade. Arrivés les premiers, les Capucins ont obtenu le droit de diriger la paroisse
et l'école, presque toujours desservies ailleurs
par les Franciscains de Terre-Sainte. Ceux-ci

possèdent à Beyrouth l'église de Saint-Joseph,
et se sont réservé le privilége de donner gratuitement l'hospitalité aux étrangers.

Les Jésuites n'avaient point fondé autrefois d'é-
tablissement fixe dans cette ville; ils y venaient
seulement, de Saïda ou de Tripoli, prêcher la mission à de longs intervalles. Après une suppression
de près d'un demi-siècle, leur Ordre rétabli s'est
reconstitué lentement. Il n'a pu qu'avec peine,
et depuis peu d'années, revenir dans le Liban et
à Beyrouth. Là, comme toujours, les Jésuites se
montrent érudits, pénétrants, infatigables, et en
même temps d'une simplicité parfaite. Les plus
graves théologiens, versés dans la connaissance
de presque toutes les langues orientales, quittent
leurs doctes travaux pour apprendre la lecture
ou l'écriture aux petits enfants, pour leur faire
réciter le catéchisme et leur adresser de pieuses
et touchantes instructions.

Ces Pères viennent d'organiser une typogra-
phie polyglotte, qui leur permet de répandre à
très-bon marché des livres de religion et d'éducation, imprimés en arabe, en turc, en syriaque,
et reliés même dans l'établissement. L'Œuvre des
écoles d'Orient a secouru assez efficacement cette

imprimerie, pour lui permettre de fonctionner
avec régularité. A côté d'elle, s'élève une riche
bibliothèque, puis une église, puis des jardins que
les Pères de la Compagnie de Jésus sont prêts à
abandonner gratuitement aux Frères des écoles
chrétiennes, quand ceux-ci viendront s'établir en
Syrie. Dès à présent, l'externat des Jésuites réunit 170 jeunes enfants, répartis en quatre classes,
sans distinction d'origine ni de religion.

Les PP. Lazaristes n'ont à Beyrouth qu'une
simple mission, desservie par deux prêtres et un
Frère. Mais il est juste de leur attribuer une
grande partie du bien opéré par les Sœurs de
charité, qui n'agissent que sous leur direction.

L'établissement des Filles de Saint-Vincent-de-
Paul à Beyrouth, moins ancien que ceux de
Smyrne et de Constantinople, date de 1847 seulement. Il commença par deux classes externes
dans un chétif réduit, qui s'est transformé en une
vaste et belle maison, reportée en dehors de la
ville, et construite avec soin pour séparer et placer convenablement chacune des œuvres desservies par la communauté. On y compte aujour-
d'hui quatre classes ouvertes à plus de 250 élèves,
dont 120 Maronites, 100 Grecques catholiques,

et 30 Grecques orientales [1]. L'élément turc s'y
aperçoit à peine ; en effet, cette population de-
vient de jour en jour plus étrangère à la Syrie,
où elle est sensiblement moins nombreuse que
dans les villes de l'Asie Mineure.

L'orphelinat et le pensionnat s'établirent successivement en 1850. Aujourd'hui le premier renferme 25 élèves et le second 26, toutes chéries de
même et traitées avec la même charité. J'emploie
ce mot à dessein, car, il faut bien le reconnaître,
la plupart de ces belles et gracieuses jeunes personnes, même appartenant à d'honorables familles, ne payent que la moitié ou le quart d'une
pension ordinaire : tant il est difficile de faire
comprendre aux chrétiens du Levant, trop
préoccupés de leurs intérêts matériels, la nécessité de quelques sacrifices pour assurer une éducation morale et solide à leurs enfants !

Cette regrettable parcimonie a de plus l'incon-
vénient de tarir la source qui alimente une autre
bonne œuvre des Sœurs de charité. Dans l'im-
possibilité de suffire avec leurs propres revenus
aux dépenses de l'orphelinat gratuit, elles s'ef-

---

[1] C'est la dénomination acceptée par l'Église grecque, qui se dit
orthodoxe, et que nous qualifions de *schismatique*.

forcent en général d'économiser, sur la pension de chaque jeune fille de la classe aisée, la
somme rigoureusement suffisante pour entretenir — bien modestement il est vrai — une orphe-
line. Ici cette ressource fait absolument défaut,
et, malgré l'application et les bonnes dispositions
de ces enfants, leur travail ne peut suffire à rem-
bourser les Sœurs de ce qu'elles coûtent. Aussi
le nombre des petites filles, de 5 à 18 ans,
admises dans l'orphelinat, n'a-t-il pu s'élever
beaucoup depuis quelques années. Tout y est
d'ailleurs propre, bien tenu, soigné dans les
moindres détails ; la nourriture saine, les lits
excellents.

Dans l'année qui suivit l'établissement des
Sœurs à Beyrouth, un petit hôpital (pour les
hommes seulement) put être desservi par elles,
grâce au concours de deux charitables Français.
Cet hôpital ne subsiste encore aujourd'hui que
par leur industrieuse économie et au moyen
d'une loterie annuelle. En même temps s'ouvrait
le dispensaire, où l'on n'a pas compté moins de
35,566 consultations et pansements en moyenne
par année.

Le nombre des malades visités à domicile, ou

dans les prisons du Sérail [1], s'est élevé dans le même temps à 3,501. Mais combien d'obstacles, de difficultés et de refus, nos Sœurs durent surmonter pour parvenir jusqu'aux pauvres prisonniers! Il a fallu cette tolérance locale, passagère et de fraîche date, que nous saluons comme une faveur inespérée du gouvernement turc, et dans laquelle son intérêt bien entendu, ou tout au moins sa reconnaissance pour l'Europe, devraient le fortifier de plus en plus. Il a fallu le bon vouloir, le concours même d'un gouverneur (Vamig-Pacha), moins ignorant qu'un autre de la générosité désintéressée des Occidentaux. Il a fallu surtout les efforts empressés de nos Consuls, qui soutiennent en toute occasion et protégent efficacement les Sœurs de charité. Enfin ces saintes filles, qui, à Constantinople, avaient forcé les portes du vieux Sérail et établi, pendant la guerre de Crimée, des ambulances dans cette enceinte redoutée,

« Dont l'aspect était même interdit à nos yeux, »

[1] On sait assez que le nom de *sérail* s'applique toujours à la *caserne* ou forteresse qui domine la ville, et nullement au *harem*. La crainte de quelque danger a pu réunir parfois dans une même enceinte ces deux demeures, mais fort éloignées l'une de l'autre, et pour cause.

3.

ces mêmes Religieuses ont pu pénétrer dans les seules prisons de Smyrne et de Beyrouth, ranimer les corps languissants des condamnés et fermer les plaies hideuses de ces âmes égarées et coupables.

Une association de Dames de charité, organisée depuis peu, suppléera les Sœurs dans cette laborieuse tâche. A voir la prospérité croissante qui jusqu'à présent a béni ces œuvres diverses, il est permis d'espérer qu'elles réussiront chaque jour davantage.

Nous l'avons dit, au delà des chaînes du Taurus et dans toute la Syrie, à Lattakié, à Tripoli, à Beyrouth, les Turcs sont aussi étrangers et moins nombreux peut-être que les Européens. Le contraste apparaît plus frappant encore dans les campagnes environnantes. Sans pousser jusqu'aux tribus arabes du désert, ne voit-on pas l'Anti-Liban peuplé de Métoualis presque sauvages, et le Liban placé par la Porte elle-même sous l'autorité d'un kaïmakan chrétien? D'un côté, les Druses tour à tour idolâtres, turcs ou protestants, suivant les besoins de leur cause; de l'autre, un grand nombre de chrétiens dissidents? Enfin les Grecs-unis, les Arméniens, les

Maronites, que ni les persécutions ni les séductions de toute sorte n'ont pu détacher encore de l'Église romaine?

Mais l'ignorance de ces pauvres gens est souvent bien grande : des superstitions grossières se mêlent, pour quelques-uns d'entre eux, à la pure doctrine de l'Évangile. Leur pauvreté, leur misère, leur abandon au milieu des ennemis de leur foi, les empêchent souvent d'apprendre les notions les plus élémentaires de la religion.

C'est à ce douloureux état moral des chrétiens de Syrie que les Sœurs de charité à Beyrouth ont entrepris de porter remède, en répandant l'instruction dans les villages les plus reculés et jusque sur les hauteurs inaccessibles de la montagne.

Dès 1849, une petite école fut ouverte par les soins de leur digne Supérieure, la Sœur Gélas, dans le village d'Abeïlh, et cette faible lueur fit dès lors entrevoir nettement le vif éclat, qui pourrait jaillir par la suite du développement d'institutions semblables. En 1851, l'œuvre était définitivement organisée.

Il fallut d'abord établir à Beyrouth une école normale primaire, destinée à former de jeunes filles chrétiennes et indigènes à la tâche difficile d'institutrices dans les pauvres villages du Liban.

Aujourd'hui ce séminaire d'un nouveau genre, admirablement constitué au siége même de la communauté, comprend quinze jeunes personnes au-dessus de seize ans. Elles y restent trois années, et, pendant ce temps d'étude et d'épreuves, assistent les *Sœurs* comme sous-maîtresses.

Ensuite elles sont envoyées vers quelque village lointain, le plus souvent possible au milieu de leur famille, afin de diminuer les dangers et la tristesse de l'isolement. L'oisiveté n'est pas à craindre pour elles, en présence des occupations sérieuses auxquelles ces pieuses institutrices viennent se dévouer. Chaque jour, de sept heures du matin à cinq heures du soir, elles font la classe aux filles, et leur apprennent à lire, à écrire, à réciter le catéchisme et à gagner leur vie par la couture et la broderie. Toute l'école assiste à la messe en commençant la journée. Le logement et les frais de classe sont fournis par la communauté de Saint-Vincent-de-Paul, qui donne en outre à la maîtresse de l'école un modique traitement de 15 francs par mois. Des inspections régulières et suivies amènent dans chaque école, tantôt les

Sœurs, tantôt les Lazaristes qui soutiennent, encouragent, conseillent les jeunes maîtresses, et fortifient en elles l'unité d'éducation et de discipline.

Un succès rapide a récompensé la sagesse et la prévoyance qui avaient présidé à la fondation de l'œuvre des petites écoles primaires. L'école d'*Abeïlh* existait déjà avant la formation de l'école normale de Beyrouth ; celle de *Sulima* s'ouvrit en 1852. La même année, *Raz-Beyrouth*, faubourg peu distant de la ville elle-même et voisin de la mer, fut doté d'une école, qui renferme aujourd'hui 70 élèves. Deux autres suivirent en 1853, l'une à *Zouk-Mikaïjl*, l'autre à *Bahoudame* : la première compte 60, la seconde 40 élèves. 40 élèves également fréquentent l'école de *Hadette*, ouverte en 1854. L'école fondée dans *Ajeltoun*, la même année, fut transportée deux ans après à *Gadir* à cause de l'insalubrité du climat; enfin celle d'*Éden*, établie en 1856 seulement, compte plus de trente jeunes filles.

Tels sont les principaux établissements catholiques à Beyrouth. Ces écoles, ces couvents, ces églises sont avec raison disséminés un peu partout, de manière à assurer à toutes les parties de

la ville les mêmes avantages spirituels. Il n'y a
pas en effet de quartier franc à Beyrouth, comme
à Constantinople et à Smyrne. Autour des consu-
lats, naturellement situés au bord de la mer, se
sont groupées quelques familles européennes;
mais la plupart des Consuls fixent leur résidence
particulière en dehors de la ville, où le chrétien
et le musulman vivent par hasard côte à côte et
en bonne intelligence.

Les maisons de Beyrouth sont mieux bâties
que celles des principales villes d'Asie Mineure,
et presque toutes construites en pierres : les rues
sont aussi plus larges et moins sales. Cependant
on n'y voit qu'un petit nombre de ces gardiens
vigilants, auxquels la police Ottomane confie le
soin de nettoyer et d'assainir les plus beaux
quartiers des grandes villes de l'Empire : je veux
parler de ces chiens errants, au poil fauve, qui
tiennent du renard, du chacal et du loup. Devenus plus qu'à demi sauvages, ils vivent au seuil
des maisons, dévorent tout ce qui se jette, aboient
contre tout ce qui passe, couchent à la belle étoile,
et se livrent souvent pendant la nuit des combats
acharnés et sanglants.

Mais si le repos du nouveau venu est relative-

ment peu troublé par les hurlements sinistres de
ces veilleurs incommodes, hâtons-nous d'ajouter
que sa nuit n'en sera guère meilleure. S'il échappe
à la vermine qui semble avoir élu son domicile en
Turquie, il faudra, bon gré mal gré, qu'il se décide
à suivre l'exemple des habitants, et que, pour
éviter l'extrême et continuelle chaleur, il cherche
à dormir en plein air sur les terrasses, qu'un
soleil implacable a chauffées à blanc toute la
journée. Ajoutez à cela des flots de poussière incessamment soulevés, et qui fatiguent à la fois
les yeux et la poitrine ; de l'eau potable en petite
quantité, et encore plus désagréable au goût que
malsaine ; les attaques fréquentes des fièvres et
de la dyssenterie ; cependant on se plaît à Beyrouth, à cause de son beau ciel et surtout par
l'inappréciable voisinage du Liban !

La principale distraction des étrangers comme
des habitants consiste à parcourir les *bazars*, assez
peu fournis, du reste, sauf celui des armes. Des
cotonnades suisses, et des étoffes de Rouen et de
Lyon, y tiennent une plus grande place que les
tissus de l'Inde et les tapis de la Perse. L'indifférence des marchands est extraordinaire : ils fument, boivent le café, et dorment sans souci du

chaland, qui n'a certes pas ici à craindre les sollicitations empressées d'une agaçante demoiselle
de magasin, ou d'un élégant commis voulant lui
imposer ce qu'il y a de plus *distingué*. Rien n'est
même plus difficile que de rencontrer dans ce
lieu non pas un acheteur, mais un vendeur, les
boutiques des Turcs étant invariablement fermées
le vendredi, celles des Juifs le samedi, et celles
des Chrétiens le dimanche, sans compter les innombrables jours de fêtes inconnues.

Quand on a vu les bazars, toutes les curiosités
de Beyrouth sont à peu près épuisées, car il n'y
a ni palais, ni mosquée, qui mérite de fixer l'attention du voyageur; aucun monument ancien;
le *konak* même du Pacha ne paraît pas d'abord
digne du nom de citadelle. Entrons-y cependant.

A la porte deux sentinelles, mal et surtout
lourdement vêtues, nous présentent assez gauche-
ment les armes. Arrivons dans une cour intérieure,
qui ouvre sur plusieurs autres plus petites. Les
murs sont épais, les remparts bien garnis de bou-
ches à feu; d'immenses munitions encombrent
les magasins. On nous montre une très-forte bat-
terie qui domine la ville, et l'officier — jusqu'à-
lors muet et silencieux — qui nous sert de guide,

ajoute avec calme qu'il ne faudrait pas plus d'une
heure et demie pour bombarder Beyrouth, et la
réduire en cendres.

Tout à côté sont la poudrière, le corps de
garde et la cuisine qui les touche. De grands
noirs, à la barbe rare et déjà grise, préparent
continuellement le café, tandis que de jeunes
drôles, à la mine singulièrement éveillée, allu-
ment les pipes, et les renouvellent de quart
d'heure en quart d'heure. Personne dans tout ce
monde ne semble se douter qu'une étincelle,
partie d'un de ces fourneaux, suffirait à enflam-
mer la poudre, et à faire sauter la forteresse avec
tous ses habitants. N'allez pas attribuer cette
conduite étrange au défaut d'instruction ou à la
négligence de la garnison; n'en faites pas honneur au courage des soldats. Ils font simplement
ce qu'ont fait leurs pères; ils ne se troublent pas
de mille choses inutiles et se reposent avec confiance sur le dogme de la fatalité. Après tout,
Dieu est grand, et s'il veut que la poudrière saute
ou ne saute pas, qui pourrait l'en empêcher?

Ceci me rappelle le trait d'un jeune et brillant
colonel turc, qui parlait admirablement plusieurs
langues européennes et avait reçu en France son

instruction militaire. Il passait dans une ville d'Asie que je pourrais citer, et conduisait un convoi de poudre. Suivant ses ordres, conformes au règlement, tous les habitants éteignaient soigneusement les feux sur le passage du convoi. Seulement le colonel et ses principaux officiers marchaient en tête de la colonne, en fumant à qui mieux mieux, comme si c'était la chose du monde la plus naturelle.

Dans le corps de garde de Beyrouth les soldats fument donc en prenant le café. Ils chantent un refrain monotone, et examinent avec une respectueuse attention leurs armes et celles de leurs voisins. Pas de jeux, pas de cris, encore moins de disputes : quelques-uns causent ; d'autres écoutent un conte de Génies, ou le récit merveilleux des victoires remportées par les enfants du Prophète sur les Moscovites et sur les chrétiens du Danube ; le plus grand nombre dort.

Il y a là des hommes de toute sorte, depuis l'Arnaute, aux cheveux frisés, à la fustanelle bien plissée comme celle des palicares du roi Othon, jusqu'au *Zaptié* gigantesque, aux traits durs et cruels, qui n'ouvre la bouche que pour menacer et rudoyer ses compagnons : depuis le fantassin Turc, petit et grossier, qui cependant manœuvre assez bien et connaît quelque chose de la discipline militaire, jusqu'à l'Arabe rusé, vrai voleur de grand chemin, mais toujours noble et gracieux, et qui ne voudrait dépouiller son ennemi qu'avec politesse.

Allons plus loin, et montons les degrés en bois d'un large escalier extérieur, dont la rampe écarlate se détache durement sur les murs blanchis à la chaux. Nous trouvons en haut deux montagnes de babouches, pantoufles, vieux souliers, savates et chaussons de laine, de cuir, de peau de toute espèce, à travers lesquels il faut nous frayer un chemin — l'étiquette ne permettant pas plus aux Musulmans d'entrer avec leurs chaussures chez le représentant du Sultan, que dans le temple de Dieu.

De longs corridors s'ouvrent à droite et à gauche; ils conduisent aux chambres des officiers et à celles des soldats. Ceux-ci sont assez proprement couchés par chambrées de 12 à 15; au-dessus de chaque lit des versets du Kôran sont gravés dans la muraille. Une grande salle est remplie de *cawass*, qui, pour le service intérieur, remplacent par une cravache leur

grosse canne à pomme d'argent; de *hodjas*, ou
juristes, appelés à éclairer Son Excellence dans
les questions difficiles; de secrétaires, dont l'é-
critoire est pendue à la ceinture, et qui s'apprê-
tent à transcrire les décisions du gouverneur;
autour d'eux se pressent les habitants de la campagne et les marchands de la ville; des Druses,
des Maronites, enfin la foule des solliciteurs.

Le Pacha préside son *medjlis,* conseil muni-
cipal et judiciaire, composé du cadi, du mufti et
des principaux notables de Beyrouth : il nous
fait donc engager à l'attendre dans un petit
salon, qui lui sert de cabinet de travail.

Ai-je besoin d'ajouter que cette singulière
pièce ne renferme point de livres, et guère de
meubles? Deux chaises de paille — pour les in-
férieurs sans doute — sont mises respectueusement devant un long divan, sur lequel sont jetés
quelques papiers, des notes, un chapelet, une
longue-vue. Les fenêtres ouvertes donnent sur
le Liban et la mer; ce beau spectacle m'indique
assez tout le plaisir que prend le Pacha à se dis-
traire de ses grandes occupations, en regardant
les villages épars sur les flancs de la montagne,
et les bâtiments qui arrivent dans le port.

Les murs sont peints de fresques médiocres, du genre capricieux et bizarre qui depuis long-temps porte le nom d'arabesque; car toute re-présentation de la figure d'un être animé est interdite aux vrais croyants par la loi du Pro-phète. — De petites étagères, ou plutôt des ni-ches à pigeons, sont pratiquées dans les enfon-cements à côté de la porte : c'est là qu'on place les verres, les tasses ou *finnjanes*, et les jolis *zerfs* d'argent qui empêchent de se brûler les doigts, lorsqu'on porte le café à ses lèvres.

Le Pacha entre presque aussitôt : c'est un petit homme, gros, à la physionomie intelli-gente, et dont les manières sont remarquable-ment polies.

Son front est marqué par des rides pré-coces : il y a plus de finesse que de franchise dans ses yeux, et le bas de sa figure n'annonce rien d'un anachorète. Sa tête un peu forte penche sur sa poitrine; son dos est légèrement voûté : il a les grosses hanches et la main mignonne d'une femme. Il porte un habillement tout uni de drap bleu foncé, boutonné jusqu'au menton, et par-dessus une longue robe de chambre, bor-dée de fourrures. Ses tempes soigneusement rasées sont recouvertes d'un petit bonnet, d'une blancheur éblouissante, qui modère la trop grande chaleur du *tarbouch* de laine rouge. Au point où l'épais gland bleu s'en détache, est posée une large plaque d'or, qui indique le grade militaire du Pacha. Des bottes vernies, qu'il regarde souvent avec complaisance, complètent son costume.

Ce personnage cérémonieux me prend la main, et, sans la quitter, me fait asseoir sur le divan à sa gauche — on assure que c'est la place d'honneur chez les Turcs. Compliments d'usage, plus ou moins maladroitement transmis par le drogman, félicitations, salamaleks, enfin tout est terminé. Voici que les jeunes *tchiboudjis* sont déjà entrés : ils nous apportent tout allumées des pipes superbes, au bout d'ambre émaillé et garni de deux rangs de diamants. Ils placent la main droite, sur leur cœur, et reculant de quelques pas, ils attendent debout et silencieux.

Avant même que le maître ait frappé dans ses mains, le café est arrivé; de petits nègres le suivent, portant le caviar, qui, en Orient, passe pour un mets fort recherché; puis d'autres serviteurs nous offrent les confitures et les sorbets à la neige du Liban.

Rien ne manque, on le voit, à cette réception :
c'est qu'en effet notre Pacha, aussi attentif
qu'aimable, n'est pas un hôte ordinaire. Son père
— petit négociant de Smyrne — avait fini par
amasser une fort belle fortune qui, dit-on, n'a
pas laissé d'exercer quelque heureuse influence
sur la destinée du fils. D'abord simple *effendim*,
il s'est fait remarquer par son adresse et par sa
prudence dans une grande capitale de l'Europe,
où il avait été attaché à l'ambassade ottomane ;
rappelé à la suite d'un changement de Grand-
vizir, une intrigue de cour l'a soudainement
placé à la tête de la marine ; aujourd'hui, depuis quelques mois seulement, il est général et
gouverneur de Beyrouth. Il a de solides raisons
pour espérer que sa disgrâce dans ce lieu d'exil
sera courte, et qu'il retournera bientôt à Constantinople reprendre sa place dans les conseils
de Sa Hautesse Impériale le Sultan.

Ce n'est d'ailleurs pas de lui-même que je tiens
ces détails. Le Pacha a trop de dignité pour
parler beaucoup, encore moins pour descendre à
instruire un Européen de ses propres affaires :
il fait même semblant de ne plus comprendre
le français, et d'ignorer complétement les nou-

velles étrangères, apportées ce matin par le paquebot — dont il attendait cependant la venue
avec anxiété. La conversation languit donc un
peu ; et après bien des pauses, bien des offres
inutiles de service, bien des remercîments tout
aussi sincères, nous abrégeons cette visite déjà
très-courte, et nous nous retirons pour laisser Son
Excellence continuer ses travaux administratifs.

VI

Si de Beyrouth l'on suit le rivage de la mer en descendant vers le Midi, l'on arrive en peu d'heures à Saïda, l'ancienne Sidon. Ce port, où se pressaient autrefois de si nombreuses et si puissantes galères, est devenu aussi misérable et aussi inhospitalier, que tous ceux de la côte depuis Alexandrette jusqu'à Jaffa, si l'on en excepte Caïffa, assis au pied du Carmel. De sa longue et glorieuse histoire, cette ville, mère et rivale de Tyr, n'a gardé que la trace des pas du Christ.

Aucun souvenir antique : les richesses de la Phénicie, les monuments orgueilleux des victoires d'Alexandre ont entièrement disparu ; le christianisme seul a conservé quelque importance à Sidon : Sidon, qui fut honorée de la présence du

4

Sauveur et de ses disciples. Ce fut même, suivant les Évangiles, le point extrême où s'avança vers le Nord le Messie descendu sur la terre. Il y signala sa venue par des paroles pleines de clémence et de douceur pour les Gentils, de sévérité pour les Juifs ingrats et rebelles à ses instructions.

« Si les miracles qui ont été faits au milieu de « vous, disait-il aux villes de la Galilée, avaient été « faits dans Tyr et dans Sidon, il y a longtemps « qu'elles auraient fait pénitence dans le sac et « dans la cendre;

« C'est pourquoi je vous déclare qu'au jour du « jugement Tyr et Sidon seront traitées moins « rigoureusement que vous [1]. »

Onze siècles plus tard, Sidon fut une des dernières villes qui résistèrent aux Croisés. Elle ne fut prise qu'en 1110, par le second roi de Jérusalem, dont l'armée rencontra un auxiliaire utile et inattendu dans une flotte norvégienne accourue pour visiter la Terre-Sainte.

On voit dans les récits des chroniqueurs contemporains [2], que les habitants de Sidon avaient presque abandonné le commerce pour l'agricul-

---

[1] Matth., xxi.
[2] *V.* Albert d'Aix, Guillaume de Tyr.

ture : il fut même convenu dans la capitulation
que le peuple pourrait continuer à se livrer aux
travaux des champs, tandis que les nobles musulmans seraient autorisés à sortir de la ville.

Baudouin en confia le gouvernement hérédi-
taire à l'un des hauts barons français, nommé
Eustache Garnier, neveu du patriarche de Jérusalem et seigneur de Césarée et de Jéricho dans
la Palestine. Sidon, sous le nom de Saëtte, Sajecte ou Secte (Sagetta, Saïda), devint un fief
considérable, auquel les Assises de Jérusalem
reconnurent le droit de haute justice, le droit de
bourgeoisie et celui de battre monnaie.

Sans doute il eût fallu réunir tous ces petits
États chrétiens en un seul royaume, capable de
tenir tête aux efforts des Infidèles; mais, cédant
à l'esprit de leur temps et aux exigences de leurs
compagnons d'armes, les Princes se hâtaient de
les démembrer, pour y constituer des baronnies,
aussi faibles que nombreuses, en faveur des nobles qui les avaient suivis sur cette terre loin-
taine. Ainsi la féodalité, importée sans raison en
Orient, fut l'une des causes les plus actives et les
plus puissantes, qui amenèrent la ruine de l'œuvre glorieuse des Croisades.

Saint Louis séjourna quelque temps à Saïda après sa captivité en Égypte, et y courut encore de grands dangers. Les Sarrasins avaient appris par leurs espions qu'il s'y trouvait avec un petit nombre de soldats, et se dirigeaient de ce côté pour enlever le roi de France.

« Et quant il sceust la nouvelle, pour ce qu'il « n'avoit mye assez puissance de résister contre « eulx, il se retira, luy et le maistre de son artil- « lerie et le plus de gens qu'il peust logier dedans « le chastel de Sajecte, qui estoit bien fort et bien « cloux. Mais gueres n'y entra de gens, parce que « le chasteau estoit trop petit et estroit. Et tan- « toust les Sarrazins arrivèrent et entrèrent de- « dans Sajecte : là ne trouvèrent nulle deffence, « car elle n'avoit pas encores esté parachevée de « clourre. Et tuèrent bien deux mil povres gens « de noustre ost. Et quant ils eurent ce faict et « pillé la ville, s'en allèrent à Damas [1]. »

Contre toute attente les survivants témoignè- rent une grande satisfaction de la chute de leur ville : ils espéraient, non sans raison, que le Roi voudrait la rebâtir plus grande et plus forte, afin

[1] Mémoires de Joinville.

d'éviter le retour de semblables malheurs. Saint Louis s'occupa en effet d'y construire aussitôt de vastes et solides murailles. Mais son premier soin fut de faire enterrer les chrétiens tués dans le combat ; et comme cette foule de corps exposés aux ardeurs d'un soleil brûlant exhalaient une odeur affreuse, « le bon sainct omme luy-mesme « aidoit à les porter en terre. » Ce fut à Sidon que la Reine vint retrouver saint Louis : elle avait eu deux enfants depuis son départ de France, étant accouchée de Tristan à Damiette et de Blanche à Jaffa. Enfin ce fut encore à Sidon que le Roi reçut la nouvelle de la mort de sa mère, et donna à regret l'ordre du départ.

Saïda retomba peu après sous le joug de l'Islam ; mais les exemples de douceur et de vertu qu'elle avait admirés, ne se perdirent pas au sein de sa population. Aujourd'hui même sur 6,000 habitants, elle ne compte pas moins d'un millier de chrétiens.

Il y a dans l'Écriture au sujet de l'ancienne Sidon une parole étrange[1], dont un humble Religieux[2] nous a donné la véritable interprétation :

---

[1] Isaïe, XXIII, 4.
[2] *Imit. de J.-C.*, l. III, ch. III.

« *Rougis, Sidon, dit la mer*, et si tu en demandes
« la cause, écoute, voici pourquoi :

« Pour un petit avantage, on entreprend une
« longue route ; et, pour la vie éternelle, à peine
«·en trouve-t-on qui veuillent faire un pas.

« On recherche le plus vil gain ;... sur une
« légère promesse et pour une chose de rien, on
« ne craint pas de se fatiguer nuit et jour.

« Mais, ô honte ! pour un bien immuable, pour
« une récompense infinie, pour un honneur su-
« prême et une gloire sans fin, on ne saurait se
« résoudre à la moindre fatigue. »

Si les modernes habitants de Saïda ont hérité
de l'aptitude commerciale de leurs devanciers —
ces *marchands princes de la mer,* comme les appelle l'Ancien Testament — ils ne méritent plus
lu moins les reproches d'indifférence religieuse
ʠue leur lançait alors Isaïe. Trois communautés
différentes, venues de l'Europe pour propager
l'instruction catholique dans une ville gouvernée
par un Pacha Turc, et privée des priviléges dont
jouissent encore les montagnards chrétiens du
Liban, témoignent hautement du zèle pieux des
maîtres, aussi bien que des bons sentiments de la
population. C'est qu'en effet, dès qu'il est permis

de compter sur le concours des habitants du pays, les instituteurs Religieux ne manquent pas.

Les Jésuites, appelés autrefois à Saïda au secours des pestiférés, y fondèrent une mission, dont celle d'Antûrah est sortie. Ils viennent d'y reprendre leur place et l'influence légitime, que leur avait acquise une longue suite de bienfaits. Leur nouvelle mission et leur double école [1], renouant la chaîne du passé, ont trouvé auprès des nombreux chrétiens de Saïda même appui qu'autrefois et même reconnaissance.

Outre l'école des Jésuites, Saïda en renferme encore deux autres : l'une tenue par les Pères Franciscains de Terre-Sainte; l'autre, pour les filles seulement, est dirigée sous leur surveillance par les Sœurs de Saint-Joseph.

Celle-ci réunit cent cinquante enfants, dont trente-deux jeunes musulmanes. Elle se divise en deux classes : un tiers des enfants fréquente la classe arabe; la classe française comprend tous les autres. Les Sœurs sont logées presque gratuitement dans le *khan* français, sous la protection du vice-consul de France.

---

[1] 40 enfants répartis dans deux classes, l'une arabe et l'autre française.

Qu'on ne s'y trompe pas cependant : le *khan*
dont la France est depuis longues années en
paisible possession à Saïda, n'a, jusqu'à présent
du moins, aucune analogie avec un camp militaire.
Dans les villes de l'Empire Turc un *khan* est un
grand bâtiment, solidement construit à l'épreuve
des voleurs et du feu.

On parlemente longtemps avant d'y pénétrer ;
souvent même les drogmans ou l'escorte tirent
des coups de fusil et de pistolet pour réveiller les
dormeurs. Ceux-ci, médiocrement rassurés par
ces démonstrations pacifiques, répondent par des
injures, et menacent de laisser les importuns visiteurs coucher à la belle étoile. On crie, on s'a-
gite : enfin un vieil Osmanli, à mine rébarbative,
vient ouvrir en grommelant.

On entre par deux portes massives, qui roulent
lourdement sur leurs gonds et que fortifient encore d'énormes barres de fer, telles qu'on n'en
voit plus (à tort peut-être) dans aucun pays civi-
lisé, sauf dans la libre et puissante Angleterre.

Au milieu d'une cour carrée s'élèvent le bassin
obligé et la fontaine jaillissante : les chrétiens
vont s'y rafraîchir et donnent à boire à leurs chevaux fatigués ; avant tout, les disciples du Pro-

phète se hâtent d'y accomplir leurs ablutions. Cette cour est entourée de magasins intérieurs pour les marchandises de toute sorte que les commerçants de chaque nation y laissent en dépôt, ou que les caravanes viennent y apporter.

Les denrées moins précieuses sont entassées assez confusément auprès de la fontaine, sous la garde de quelque Arabe, qui dort tout habillé étendu sur une natte : l'une de ses mains est posée sur les armes qui débordent de sa ceinture, l'autre tient son tchibouk. Là des sacs de sésame, de millet et de blé sont amoncelés près des ballots de laine et de coton, à côté des caisses de figues, de dattes et d'abricots. Le plus souvent ces dattes ont été séchées au soleil, et ne forment plus qu'un long noyau, à peine couvert d'une peau maigre et ridée ; d'autres fois, elles sont serrées dans des boîtes, comme nos fruits confits, et deviennent une espèce de mortier à demi liquide.

Les abricots se préparent de deux manières : en *khoumrédin* et en *mish-mish*. Le khoumrédin, que l'on rencontre surtout au Caire, est une pâte excellente, formée d'abricots et de pistaches écrasées et coupées en longues tranches, qui rappellent malheureusement la gélatine par leur aspect et leur couleur. Pour bien apprécier le mish-mish, l'aliment favori des Damasquins, il faut faire bouillir pendant plusieurs heures les abricots de la dernière récolte, devenus durs et noirs, et les arroser ensuite de quelques gouttes du *mastic* de Chio. Quelle que soit d'ailleurs la manière d'accommoder les abricots de Syrie, ils demeurent toujours infiniment préférables au *glyco* et au *rahat-lekoum* des Grecs, ainsi qu'aux horribles confitures d'amidon et de roses si vantées par les Turcs.

Qu'on me pardonne l'exactitude de ces souvenirs : la cour intérieure du khan, destinée principalement à servir d'entrepôt, se transforme en effet à certaines heures en cuisine. Bien plus, c'est à la fois l'auberge et l'écurie. Les voyageurs accueillis sur leur bonne mine peuvent y planter leur tente, attacher leurs chevaux au piquet, et s'endormir à peu près en sûreté jusqu'au départ du lendemain.

Les murs de cette cour, soigneusement blanchis à la chaux, sont revêtus de larges bandes horizontales rouges, noires et bleues, qui ne s'arrêtent qu'au sommet du bâtiment. Quant au premier étage de cette espèce de citadelle, il sert de logement aux marchands établis dans la ville.

C'est dans ce khan de Saïda que les Sœurs de Saint-Joseph, dont Alger et Tunis ont vu les heureux débuts dans les hôpitaux et dans les prisons, reçoivent leurs jeunes pensionnaires et leur enseignent l'arabe, le français et l'italien.

D'un autre côté l'enseignement des Jésuites et celui des Franciscains offre aux garçons de précieuses ressources. Bien que le nombre des Latins qui forment la paroisse ne dépasse pas *cent vingt-sept* âmes, la tolérance des Pères Mineurs a ouvert l'entrée de leur école à *quarante-cinq* garçons [1]. On les avait d'abord répartis en deux classes : l'une arabe, qui subsiste seule à présent ; l'autre italienne, qu'est venue remplacer l'école française des RR. PP. Jésuites.

Pour répondre aux désirs des parents, qui presque tous pratiquent le négoce, c'est aussi vers la vie des affaires et du commerce que ces pieux instituteurs s'efforcent de diriger l'intelligence et les dispositions naturelles de leurs

---

[1] On sait qu'en France le rapport du nombre des enfants *des deux sexes*, en âge d'aller à l'école, varie du sixième au huitième de la population totale.

élèves. Donc, après l'instruction religieuse, ils leur donnent des notions élémentaires de calcul, de géographie et d'histoire, et leur enseignent les langues usitées dans le Levant : l'italien, le grec et le français.

Chez les Pères de Terre-Sainte, les professeurs sont au nombre de deux : l'un Religieux et l'autre laïque. La dépense totale de leur école de Saïda s'élève à 2,000 piastres par an, dont 1,800 piastres (400 fr. environ) pour le maître laïque. Enfin ces mêmes Pères ont relevé dès 1827 leur couvent qui sert d'asile aux pèlerins, et reconstruit l'église de l'Annonciation.

VII

De Beyrouth à Damas, la route ordinaire, que
les beaux travaux de M. de Perthuis rendront bientôt carrossable, a fort peu d'intérêt. Nous préfé-
rions, au moyen d'un léger détour, pénétrer du
moins dans le Liban, pour admirer le singulier
spectacle d'une montagne toute chrétienne et
presque indépendante, au milieu même des États
du Sultan.

Le trois octobre, nous quittions Beyrouth de
grand matin, en traversant le cimetière turc,
jardin peuplé de tombes aux brillantes couleurs.
Devant nous se dressaient de longues pierres,
coiffées du fez garance ou du turban, pour indi-
quer la place où reposaient les fidèles enfants
d'Allah. D'autres, plus délicatement travaillées,

5

où une fleur d'or s'épanouissait sur un fond bleu, célébraient, par quelques vers touchants, les grâces et les vertus des femmes, et s'allongeaient au milieu des nopâls, à l'ombre des figuiers chétifs.

La route que nous suivions laissait à notre gauche le lazaret d'Ibrahim, et longeait le rivage où venait mourir doucement le flot de la Méditerranée. Les pieds de nos chevaux s'enfonçaient dans le sable mouvant, et dérangeaient à peine de grosses araignées, qui couraient avidement jusque sur la mer, pour s'emparer des insectes qu'elle apportait et retirait tour à tour. A notre droite, un long bois de pins, plantés par l'émir Fakhreddin pour arrêter les sables qui menaçaient d'envahir la côte. Devant nous, le Liban environné d'une riche ceinture de villages, au-dessus desquels il élevait ses flancs grisâtres et ses sommets plus blancs encore. La chaleur, accablante depuis plusieurs jours, nous faisait envier le moment où nous atteindrions enfin cette montagne heureuse, dont l'air vivifiant conserve en toute saison une salutaire fraîcheur.

Le Consul général de France en Syrie, M. de Lesseps, qui voulait bien nous accompagner

dans cette excursion, nous rejoignit au pied de
Broummana, résidence du kaïmakan ou *grand
prince chrétien*, qui gouverne tout le Liban sous
la suzeraineté immédiate de la Porte. Plus loin
la route, suivant l'ancienne voie Antonine, se
creusait difficilement au milieu des rochers, sur
lesquels tous les conquérants de la Syrie, Sé-
sostris, Nabuchodonosor, Alexandre et les Romains ont laissé des traces ineffaçables de leur
passage. Bientôt nous arrivions au joli village de
Zouk-Mikaÿl.

Le supérieur Lazariste du collége d'Antûrah,
M. Depeyre, nous attendait. Nous avions pu déjà
apprécier ses qualités solides, tempérées par une finesse presque orientale et par une grâce piquante
dans la conversation ; nous ne pouvions espérer
un guide plus instruit ni mieux au fait du pays
nouveau où nous venions d'entrer. Il nous mena
d'abord chez le curé maronite du village.

Don Giuseppe était un beau jeune homme
d'environ trente ans et d'une remarquable distinction : neveu du dernier Patriarche, il appartenait à la famille Obéïsch, l'une des trois plus
grandes de la montagne. Il s'exprimait en arabe;
mais la sonorité et le charme de sa voix, ses

gestes dignes et simples nous traduisaient toutes ses gracieuses paroles. Assis sur de larges coussins, nous recevions son hospitalité, à la fois magnifique et cordiale. Une aiguière d'argent, incrustée d'émaux bleus, nous était présentée tour à tour pour y laver nos mains. Puis venait, contenue dans d'élégants flacons, l'eau de rose dont on nous aspergeait la figure, afin de parfumer la barbe. Enfin, chacun de nous, la tête couverte d'un voile brodé d'or et de soie, se vit encensé pendant quelques instants.

Cette première visite terminée, on nous conduit dans la chapelle du couvent de la Visitation. Des religieuses paraissent derrière la grille. Bien que leur Ordre soit depuis des siècles établi dans le Liban, elles n'en gardent pas moins scrupuleusement le costume de nos Visitandines, et observent une clôture aussi rigoureuse. Mais elles n'entendent plus ni latin ni français. Leur aumônier, arabe comme elles, porte un gros turban noir, une robe turque et des sandales. Il nous offre de la part des Sœurs de petites images de la sainte Vierge, brodées de leurs mains, et nous amène auprès de la vénérable abbesse, issue de la noble tribu des Schehab.

Celle-ci, malgré son grand âge, veut nous donner quelques détails sur sa communauté. Il existait encore au siècle dernier, dans le Liban, un grand nombre de semblables couvents de femmes qui, d'après une ancienne coutume, demeuraient établis auprès de chaque monastère habité par les évêques maronites. Aujourd'hui, couvents et religieuses diminuent tous les jours, malgré les efforts de cette pieuse Mère.

L'abbesse nous retient longtemps auprès d'elle pour nous faire nouvelle réception et nouvelle fête; au café succèdent les sorbets, les confitures de toutes sortes; enfin arrivent les longues pipes, au tuyau de rosier et de jasmin. L'abbesse elle-même fume une pipe de plus de dix pieds, qui bientôt, suivant l'usage, fait le tour de l'assemblée.

M. Depeyre nous arrache à ce tableau peu familier encore à des yeux européens. Il nous fait entrer dans une pauvre maison, plus intéressante peut-être. Là, une jeune maronite, environnée de soixante petites filles, leur faisait la classe en arabe, leur apprenait la lecture, l'écriture, le travail à l'aiguille. Toutes récitaient à merveille leur catéchisme; toutes lisaient couramment;

beaucoup commençaient à coudre, et faisaient seules leurs voiles et leurs robes, hélas! bien modestes! ,

Cette école de Zouk-Mikaÿl, par le nombre des élèves et les résultats obtenus, tient la première place parmi les dix petites écoles maronites, que les Sœurs de Saint-Vincent-de-Paul ont fondées depuis 1851 dans le Liban. Jamais la vigilante sollicitude de la supérieure ne les perd de vue ; d'un autre côté, leur éparpillement dans les villages qui entourent Beyrouth, Antûrah et Reifûn, centres des Lazaristes, permet à ces zélés missionnaires de les instruire de leurs devoirs religieux, et de les inspecter fréquemment.

A une demi-lieue seulement de Zouk-Mikaÿl, nous découvrions en effet sur une verte colline le collége d'Antûrah.

« Voici justement deux siècles, me dit en approchant M. Depeyre, que des Jésuites, jetés sur la côte de Djunêh par les hasards de la tempête, furent recueillis et installés provisoirement à Antûrah par les gens du pays. Ces Pères n'avaient guère songé jusqu'alors à fonder cette mission, et peut-être même ne la croyaient-ils pas possible.

La Providence les y envoya, la population maronite les y retint. Un petit terrain, suffisant pour
la construction d'une maison et d'une chapelle,
fut donné tout d'abord à nos prédécesseurs. Deux
fois depuis, cette demeure a dû être abattue
pour se relever et s'agrandir.

« Ce sol fertile [1] produit à peu de distance, vous
le voyez, le mûrier et le cèdre, la vigne et l'oli-
vier. Où trouver ailleurs même beauté de lieu et
même largeur d'aspects? Combien cette vue et
ce silence invitent à l'étude et au recueillement!
Vous sentez déjà, sous un ciel de feu, cette
agréable fraîcheur; bienfait inestimable, dû au
voisinage des hauteurs du Liban, en toute saison
*inaccessible aux ardeurs du soleil et fidèle à ses
neiges.* Le mot est d'un grand peintre, de Tacite.

« Tant de motifs réunis nous rendent la résidence d'Antûrah aussi chère qu'aux Jésuites. Ici,
leurs forces perdues dans les travaux apostoli-
ques se réparaient en peu de temps, grâce à la
salubrité du climat. Enfin, et par-dessus tout,
l'avantage si grand d'être environnés de catholiques, les déterminait à fixer sur ce point le
centre des missions célèbres, qui couvrirent tout

---

[1] *Aïn-tûrah* signifie en arabe : source du rocher.

le Liban, et qui s'étendirent jusque dans les plaines de la Cœlé-Syrie.

« Une fois établis sur cette montagne, ils passaient près de quatre mois à évangéliser les cantons les plus éloignés. — Ils consacraient le reste de l'année aux villages du Khesroân, qu'ils ne manquaient pas de visiter les uns après les autres. Partout ils trouvaient peu de lumière, mais une foi vive et un pieux empressement à écouter la parole de Dieu. Aux enfants, les Jésuites faisaient des catéchismes et de petites instructions tout élémentaires; aux pères de famille, ils expliquaient chaque soir les Livres saints. Ils réunissaient le peuple tout entier dans la confrérie du Rosaire, et le préparaient par leurs conseils à la fréquentation des sacrements. La renommée de leurs connaissances en médecine et en chirurgie les mettait souvent à même de secourir efficacement les malades dans les besoins du corps et de l'âme. Des prières publiques furent établies par leurs soins pour les morts. Enfin, ils avaient eu le bonheur de racheter et de convertir un certain nombre d'esclaves...

« Vous craignez qu'ils aient pu exciter la défiance du clergé indigène; mais c'est lui qui les appelait. On a vu plus d'une fois des curés, des évêques même sortir tout pénétrés de leurs sermons. Ces prêtres étaient venus apprendre de la bouche de leurs frères étrangers à réfuter l'erreur, à combattre ces superstitions grossières, que le voisinage des Infidèles peut faire naître chez un peuple encore mal instruit.

« Ne croyez pas cependant que la tâche des Jésuites fut toujours bien aisée. Il faut avoir vécu au milieu de ces dures montagnes pour comprendre ce qu'il y a de privations, de fatigues et de souffrances dans la vie des missionnaires. Lisez-en le simple et éloquent récit dans les *Lettres édifiantes*; vous y verrez combien succombèrent à la peine et aux misères de chaque jour. S'il était permis de parler de nous-mêmes après de si illustres exemples... Mais nous voici arrivés, » dit-il en s'interrompant brusquement, et il descendit de cheval.

Nous étions, en effet, au pied d'une véritable forteresse, bâtie solidement en pierres de taille, avec des dépendances considérables. Les Pères du collége, qui nous attendaient, nous firent à l'instant même parcourir les cours, les longs corridors et tout leur établissement, depuis la cuisine et le réfectoire jusqu'à la bibliothèque.

Les Jésuites n'avaient fondé à Antûrah qu'une simple mission. Mais l'importance de ce foyer de lumière et de vertus chrétiennes était si grande que, peu après la suppression de l'Ordre, les Lazaristes y furent appelés par le Souverain-Pontife. Cet établissement, en passant dans de nouvelles mains, n'a rien perdu de son ancien éclat. Bien plus, les Lazaristes y ont ajouté un beau collège, élevé depuis environ vingt-cinq ans. Six Pères et cinq Frères le dirigent actuellement. Ces maîtres religieux, aussi modestes que distingués, enseignent tour à tour le français, l'italien, plusieurs langues orientales, les mathématiques, la géographie, l'histoire, la rhétorique et un peu de philosophie. Les élèves, au nombre de quatre-vingts, sont presque tous catholiques. Leurs classes, leurs salles d'étude et leurs dortoirs m'ont paru suffisamment vastes, aérés et bien distribués.

Avant de quitter Antûrah, nous allâmes rendre visite au couvent des Visitandines, qui dépend de celui de Zouk-Mikaÿl. Ces Religieuses, depuis longtemps étrangères à la France par la langue, l'esprit et les usages, avaient perdu la veille une de leurs Sœurs, âgée de *cent quatre ans*, Arabe comme elles, mais d'origine française : on la nommait Jeanne Renaud. Elles voulurent cependant nous recevoir, et nous assurèrent, par la bouche du drogman, qu'elles accueillaient en nous des compatriotes, et que tout Français appartenait à leur famille. Chacun s'étendit donc sur le tapis épais du Khoraçan, en s'appuyant sur des coussins capricieusement brodés de mille couleurs. Au même instant on apportait le café et les pipes.

De l'autre côté de la grille, de grands yeux noirs, encore relevés par la blancheur des coiffes, semblaient lancer des éclairs en se fixant sur nous; mais cette vive lueur disparaissait bientôt, confondue dans la sérénité et dans la douce expression des visages. Les Religieuses, dont la pose noble et simple rappelait les tableaux de Philippe de Champagne, s'agenouillaient ou se tenaient assises, les jambes repliées à la mode orientale. L'abbesse reçut de leurs mains un élégant narghilé de cristal, autour duquel s'enroulait en longues spirales un tuyau flexible de cuir doré. Nous suivîmes son exemple, et nos paroles, nécessairement traduites, montèrent, douces et

lentes comme la fumée, des deux côtés de la
salle, et flottèrent légèrement indécises.....

L'heure du départ était arrivée ; nos chevaux
nous attendaient à la porte du couvent. Peu
d'instants après nous avions perdu de vue Antûrah.

« Voyez, continuait M. Depeyre (en me montrant du doigt les nombreux villages répandus
à nos pieds, et les maisons éparses qui s'éta-
geaient jusque sur les plus hauts sommets),voyez
quels signes de vie, quel travail, quelle activité
prodigieuse! Ce peuple chrétien, sans routes et
sans ports, pressé de tous côtés par les Turcs et
par les Druses, resserré sur des chaînes de montagnes qu'il a su rendre fécondes, ce peuple sobre
et pauvre est demeuré fidèle à sa foi, en conservant son énergie et presque son indépendance.

« Gibbon, qui n'est assurément pas suspect,
lui rend du moins cette justice. Il déclare quelque part, mais sans vouloir en rechercher la
cause, que « l'humble nation des Maronites a
« survécu au grand empire de Constantinople,
« et jouit encore, sous la domination turque,
« d'une religion libre et d'une servitude
« mitigée. »

« Bien plus, il aurait dû ajouter que ce même peuple, malgré tant de guerres et dans les circonstances en apparence les plus défavorables, s'était merveilleusement accru. Nos vieux chroniqueurs rapportent qu'une peuplade de soixante mille chrétiens aurait été en quelque sorte découverte dans le Liban par les premiers Croisés. J'ai peine à ajouter une foi absolue à de pareils récits. Mais au moins ne peut-on révoquer en doute l'assertion du judicieux Guillaume de Tyr : que même un siècle plus tard, et pendant la domination des Latins en Syrie, le nombre des Maronites atteignait environ quarante mille. Tant de batailles meutrières, Jérusalem à jamais perdue, le départ et l'abandon des Latins n'ont pu entraver leur essor, ni suspendre leur développement continuel. Ce peuple a presque doublé depuis cent ans, et compte aujourd'hui près de trois cent mille âmes.

« Le peuple de nos campagnes en Europe augmente-t-il dans les mêmes proportions ? Les défauts de nos Maronites (nous les voyons chaque jour, et nous en entendons souvent l'aveu) ne sont pas de ces vices qui affligent la société et tuent le sentiment religieux. Ils tiennent tout à

la fois de la rudesse primitive et de la ruse
asiatique.

« La culture si nécessaire d'une terre souvent
ingrate ne ralentit pas le travail de leur intelligence. Nulle part vous ne verrez une pareille
ardeur d'apprendre, un désir aussi vif d'instruction
à tous les âges, une facilité aussi merveilleuse à
retenir. Sans parler des colléges et des séminaires
dirigés par les Patriarches des Maronites, des
Syriens et des Arméniens, ne faut-il pas nous
multiplier sans cesse et courir au plus pressé?
Les maîtres manquent aux élèves; ce ne sont pas
les élèves qui nous manquent.

« Le retour des Jésuites dans le Liban, leur
établissement à Bekfaya, à Ghazir, à Mollakah et
à Za'hlèh, nous a délivrés d'une lourde tâche :
c'est un bienfait et un honneur pour la religion.
Voilà qui est bon pour les garçons; mais les filles? Dix écoles ont été fondées par nos Sœurs de
charité, en rayonnant de Beyrouth comme d'un
centre, depuis Abeïlh jusqu'à Eden. C'est trop peu
encore : chaque jour les habitants, les curés nous
en demandent de nouvelles. Ils ne veulent pas
attendre les trois ans de noviciat, nécessaires
pour que les maîtresses soient formées. De leur

côté, les Jésuites, sous la direction du P. Estève, sont venus établir à Bekfaya une institution semblable[1], en s'aidant du concours d'une veuve respectable et de ses pieuses filles. Nos deux congrégations marchent vers le même but sous des noms différents ; mais au fond ne sommes-nous pas animés du même esprit et enfants du même Père ? Dieu réunit nos cœurs dans une même volonté et dans une espérance unique.

« L'éducation bien suivie, et l'instruction religieuse de la génération actuelle, assurent immanquablement l'avenir de ce peuple. Elles ouvrent à la morale chrétienne un libre accès, et réussiront mieux que toutes les guerres à propager la civilisation..... »

Nous fûmes interrompus par des cris joyeux et par l'arrivée subite d'une troupe d'enfants, jusqu'alors cachés dans le détour d'une gorge sauvage. C'étaient les petites élèves de l'école de Zouk-Mikaÿl, auxquelles on avait donné congé sur notre demande. Par un sentiment de gratitude naïve, elles n'en avaient voulu profiter que pour courir

---

[1] Les Mariamettes, qui ne tiennent pas moins de neuf écoles pour les Maronites dans le Liban.

péniblement sur des rochers glissants et escarpés, afin de nous surprendre à notre passage bien loin de leurs demeures.

A ce moment, un homme jeune encore, vêtu d'une pauvre robe et coiffé d'un simple turban de couleur foncée, se détacha du groupe et s'inclina devant nous en portant doucement la main de son cœur à sa bouche, et de sa bouche à son front. Sa figure allongée, sa maigreur robuste, sa poitrine nue et brûlée par le soleil, ses pieds poudreux d'une longue route trahissaient les continuelles privations de sa laborieuse existence.

C'était un prêtre maronite, obligé de fatiguer sans relâche le sol rebelle d'un petit coin de terre, pour nourrir sa femme et ses enfants. Il quittait son travail quotidien pour aller porter au loin les secours de la religion à l'un de ses frères malade, qui réclamait son assistance. Sa foi s'élevait au-dessus de l'indifférence trop commune chez les malheureux pour les douleurs d'autrui. Pauvre, il oubliait, en faisant le bien, sa misère réelle et la nécessité de pourvoir aux besoins de toute sa famille. Ses paroles étaient éloquentes et simples comme ses actions ; on y sentait je ne sais quel reflet poétique des images de la Bible : « Que je voudrais, » nous dit-il en forme d'adieu, « marcher toute ma vie à l'ombre de « vos pas ! »

Et il disparut à la hâte derrière des rochers.

VIII

La conversation reprit, souvent interrompue
par les difficultés de la route. Nous passâmes
ainsi devant les résidences du Délégué apostolique de Syrie et du Patriarche maronite. Ce ne sont
partout que vastes et solides forteresses, bâties
en prévision d'une attaque, et de manière à sou-
tenir de longs siéges. Elles offrent, dans les temps
difficiles, un asile assuré aux chrétiens de tous
rites.

Nos belles juments blanches, la queue teinte
de *henné*, habituées à ne jamais broncher dans
les sentiers les plus périlleux, nous élevaient rapidement sur les crêtes aiguës des montagnes.

Arrivés au sommet, nous prenions plaisir à voir se dérouler, en suivant les lacets du chemin, le reste de notre petite troupe.

Nous n'étions pas moins de quatorze personnes, toutes de races, de langues, de costumes différents.

A notre tête s'avançaient, avec une certaine pompe, les *cawas* musulmans du consulat, portant, même à cheval, leur canne massive à pomme d'argent : leurs armes magnifiques, leurs vestes surchargées d'or, et les délicates broderies de leurs selles étincelaient au soleil. Puis nous défilions un à un, enveloppés dans de longs *machlas* blancs que le vent faisait flotter derrière nous. Ensuite venaient les *moukres* syriens, bizarrement vêtus, et relevant sur leur tête, avec la corde en poil de chameau, leur *keffié* rayé de couleurs éclatantes : on les voyait souvent à pied courir sur les côtés de la caravane, excitant à grands cris leurs mules rétives. Le guide, coiffé du tarbouch, embarrassé d'un grand sabre, et les pieds enfoncés dans ces lourdes et étranges machines qu'on nomme étriers turcs, fermait invariablement la marche.

Bientôt nous apercevons perché sur une montagne le couvent d'Harissa, retraite isolée des Pères de Terre-Sainte. A la chapelle et au couvent agrandis sont venus s'ajouter depuis peu un hospice pour les étrangers, et un collége, où les jeunes missionnaires qui arrivent d'Europe apprennent la langue arabe, dont la connaissance est une condition indispensable pour devenir curé ou vicaire de paroisse.

De l'autre côté de la route, et plus près de la mer s'élève Ain-Warkah, couvent maronite qui sert tout à la fois de palais épiscopal, de collége et de séminaire. Le latin, l'italien, le français, y sont enseignés et professés avec une pureté remarquable.

Outre cette instruction précieuse, les jeunes gens qui se vouent à l'état ecclésiastique dans ces pauvres contrées trouvent également à Ain-Warkah la connaissance plus utile encore de l'arabe, du turc et du syriaque. Le collége compte environ une quarantaine d'élèves. Deux jeunes Français, attachés au consulat, et pour lesquels l'étude des langues orientales avait remplacé l'enseignement élémentaire d'Antûrah, se perfectionnaient depuis quelques mois par d'heureux efforts dans cette laborieuse retraite.

L'évêque, prévenu de notre passage, nous fit demander de nous arrêter quelques jours auprès de lui. C'était chose impossible, car on nous attendait ailleurs. Il fallut à mon grand regret renoncer au plaisir de voir cet homme singulier, dont les petits enfants de la montagne connaissent tous l'histoire. La voici, telle que je l'ai souvent entendu raconter :

L'évêque maronite d'Ain-Warkah, vieillard aujourd'hui presque centenaire, était depuis longtemps le chef spirituel du Khesroân, à l'époque des guerres cruelles qui ensanglantèrent le Liban, vers 1840.

A la faveur des commotions politiques de l'Orient et des incertitudes des grandes puissances européennes, les Druses, toujours menaçants, recommençaient leurs excursions et leurs violences contre les catholiques. Animés de ces haines fréquentes entre voisins, que développe encore la différence des religions, ils ravageaient les récoltes, coupaient les oliviers et incendiaient jusqu'aux plus pauvres demeures.

Il arriva qu'un jour dans un des villages dévastés par ces bandes farouches, des parents de l'évêque furent maltraités et pillés comme les autres.

A cette nouvelle, l'évêque d'Ain-Warkah monte
à cheval, suivi d'un petit nombre de cavaliers
armés. Il excite tous les montagnards qu'il rencontre sur son passage à marcher avec lui contre
l'ennemi commun. Descendu des hauteurs du
Khesroân, il court porter la guerre jusques dans
le pays habité par les Druses, et, dans une seule
journée, treize de leurs villages sont livrés aux
flammes.

Ce succès n'arrêta pas la vengeance du prélat:
durant plusieurs mois, il continua de lutter sans
relâche avec des chances diverses. Un jour cependant, comme il s'était témérairement engagé
dans un chemin périlleux, il fut assailli et presque cerné par les Druses. Sans s'effrayer de cette
attaque soudaine, il tint résolûment tête à l'ennemi ; mais les chances n'étaient pas égales.....
Ses soldats tombent, mortellement frappés. Blessé
lui-même et couvert de sang, il s'obstine en vain
à prolonger la lutte. Dans ce pressant danger un
serviteur fidèle, le seul qui fût demeuré valide,
lui crie :

« Fuis, seigneur ! les Druses vont te prendre ;
ils ne t'épargneront point. Fuis donc ! ou, si tu

restes, je ne te laisserai pas tomber vivant entre les mains de nos-ennemis. »

Et le canon de son pistolet, touchant presque la tête de l'évêque, montrait bien qu'en vrai Maronite ce dévoué serviteur tiendrait sa parole. Ce moyen héroïque, cette preuve singulière d'attachement, étaient nécessaires pour désarmer le redoutable et belliqueux vieillard; il céda au conseil un peu rudement donné. Grâce à la vitesse de son cheval, il regagna son monastère, dont ses visites aux malheureux purent seules désormais lui faire franchir les portes.

Ne retrouve-t-on pas dans ce naïf mélange de religion et de rudesse la physionomie originale de ces prélats guerriers, qui, au moyen âge, combattirent tant de fois sur cette même terre contre les Infidèles? L'histoire des Croisades est pleine de leurs exploits. Ainsi, pour n'en citer qu'un seul exemple, au moment d'atteindre Jérusalem, les évêques d'Utrecht, de Mayence et de Bamberg, enfermés dans Ramlèh, avaient soutenu pendant trois jours une lutte inégale contre des milliers d'Arabes, dont ils finirent par triompher(1).

---

1 Baronius, *Ann. eccl.*, n° 1064. — Michaud, *Hist. des croisades*, t. I, p. 576.

Ain-Warkah, que nous avions toujours sous
les yeux, sans pouvoir y descendre, nous semblait alors toucher à un autre couvent, dont un
grand ravin et deux collines cependant le séparent. Ce couvent, c'est Ghazir, le principal établissement des Jésuites depuis leur retour en
Syrie. Outre les travaux ordinaires de la mission,
ces Pères ont fondé à Ghazir un séminaire, dont
le clergé indigène a déjà recueilli de précieux
avantages.

Les jeunes Maronites, qui se destinent à l'état
ecclésiastique, étaient obligés jusqu'alors de s'ex-
patrier, et de supporter les frais considérables du
voyage à Rome pour entrer au collége de la Pro-
pagande. A présent c'est ici qu'ils reçoivent une
instruction excellente, sous la direction de tels
maîtres. Aussi l'admission des élèves à Ghazir est-
elle recherchée avec un pieux empressement par
les familles elles-mêmes. Le nombre des jeunes
séminaristes s'élève à quatre-vingt-dix.

Ghazir possède également l'une des petites
écoles maronites que l'ingénieuse charité des
Sœurs de Beyrouth a disséminées dans les villages du Liban, et une maison de *Mariamettes*, ouverte depuis 1859.

Nous arrivons bientôt à la demeure de Mgr
Samhiri, Patriarche des Syriens-Unis, que l'on a
vu récemment à Paris : malheureusement ce Patriarche était alors absent. Sa nation se compose
d'environ trente mille fidèles, et de deux monastères de Religieux.

Non loin du couvent de Mgr Samhiri, s'élève,
sur une hauteur presque inaccessible, la résidence du Patriarche des Arméniens catholiques.
La crainte des Turcs, les guerres fréquentes entre
les différentes peuplades du Liban, l'amour de la
retraite et du silence, qui seuls conviennent aux
sérieuses études, tous ces motifs réunis ont décidé les chefs des catholiques à se fixer dans ces
pauvres et désertes régions.

A mesure que nous approchions de Deïr-Bzom-
mar, nous entendions sonner à toute volée les
cloches du couvent, pour lequel la visite du Consul de France était une véritable fête. Tous les
Religieux sortirent à notre rencontre ; au seuil de
la porte, l'évêque arménien de Bzommar nous
aborda en nous embrassant à la mode orientale.
Le Patriarche nous attendait en haut de l'escalier;
il nous salua de la même manière, et nous con-
duisit dans une salle voûtée. Chacun s'assit ou

6

s'accroupit sur le divan. Alors reparurent l'eau
de rose, les sorbets, le café et les pipes.

Mgr Gregorio der-Asdvazadurian est d'une
grande taille ; il a l'œil très-perçant, la bouche
sévère, le front noble et sérieux, et beaucoup de
dignité naturelle. Il porte le bonnet carré des
anciens Papes, qu'on admire dans les célèbres
galeries de Rome, et sa figure les rappelle d'une
manière frappante. Il parle à merveille l'italien ;
c'était pour nous une bonne fortune.

Il a le titre de Patriarche de Cilicie. C'est en
effet à Sis, en Cilicie, que les Arméniens, demeurés en communion avec l'Église romaine,
transportèrent dès 1171 le siége patriarcal, fondé
autrefois à Vagarsciabat, dans la grande Ar-
ménie, par saint Grégoire l'Illuminateur.

Mais, après bien des luttes et des réconcilia-
tions passagères, l'influence des schismatiques
finit par introniser également un Patriarche dis-
sident en Cilicie. Il n'y a guère plus d'un siècle
que le chef persécuté des Arméniens catholiques
vint se réfugier dans les montagnes impénétrables
du Liban, après avoir reçu à Rome le *pallium* des
mains de Benoît XIV. Il changea dès lors son
nom d'Abraham en celui de Pierre, pour témoi-

gner de son inviolable fidélité à l'égard du Saint-
Siége. Tous les Patriarches des Arméniens-Unis
ont suivi son exemple et pris le nom du prince
des Apôtres à leur avénement.

Mgr der-Asdvazadurian s'appelle donc
Pierre VIII. Six évêques, une centaine de Religieux, et plus de vingt mille fidèles disséminés
du pied du mont Taurus jusqu'au Tigre et jusqu'aux confins de l'Egypte, reconnaissent sa
juridiction.

Depuis 1760, le siége de Constantinople a
cessé de demeurer soumis, quant au spirituel,
au Patriarche de Cilicie. L'archevêque primat de
Constantinople, métropolitain des évêchés d'An-
cyre, de Trébisonde, d'Erzeroum, d'Artvin et de
Brousse, est aujourd'hui Mgr Hassun, qui a
tant fait pour développer l'enseignement catholique parmi ses co-religionnaires. C'est lui qui,
me montrant la première congrégation religieuse
de femmes arméniennes fondée par ses soins, et
nos Frères des écoles chrétiennes installés dans
sa propre maison, m'avait donné des lettres pour
le Patriarche, en m'engageant à l'aller visiter.

Mgr der-Asdvazadurian était alors assisté de
deux évêques : l'un (celui de Bzommar, dont

j'ai déjà parlé) , vieillard presque centenaire, et
cependant plein de feu. Sa taille est petite, bien
qu'il se tienne très-droit ; une longue barbe
blanche descend sur sa soutane écarlate. Titien,
peignant un doge de Venise , n'eût pas cherché
d'autre modèle. L'autre évêque était un jeune
homme, titulaire du siége de Jérusalem. Il était
grand, bien qu'un peu voûté, comme tous les
Orientaux. Ses longs yeux noirs brillaient d'un
éclat et d'une douceur extraordinaires ; sa bouche
souriait avec finesse ; ses mains petites et élégan-
tes attestaient la noblesse de sa race. Sa conversation, comme sa personne, était remplie d'un
charme singulier. Il nous racontait, les larmes aux
yeux, son regret de n'avoir jamais pu, jusque-là,
visiter son diocèse : sa nation était la seule qui ne
possédât aucune chapelle dans le Saint-Sépulcre,
ni aucune partie de la ville sainte (1). Cette espèce
d'exclusion venait d'être levée par les soins du
Consul de France à Jérusalem. On avait enfin
réussi à acquérir, pour le compte de la communauté arméno-catholique, un *sanctuaire*, terrain

---

[1] Il ne s'agit ici que des Arméniens-Unis. Les schismatiques de
cette nation, très-puissants à Jérusalem, y ont même un Patriarche.

consacré par quelque souvenir de la vie de Jésus-Christ.

Pendant notre séjour à Bzommar, il n'est sorte de prévenance et de politesse dont ces aimables hôtes ne nous aient comblés.

Nous soupâmes fort tard, et le repas se prolongea assez avant dans la nuit. Si nous n'étions que huit convives, en revanche le nombre des toasts ne s'éleva guère, s'il m'en souvient, à moins d'une douzaine. A chaque toast porté, les élèves du séminaire, qui nous entouraient, se mettaient à chanter des hymnes ou des cantiques. Bien que les paroles fussent perdues pour nous, il était impossible de ne pas admirer la sonorité et la grâce de cette belle langue, tantôt molle et presque effacée, tantôt forte et éclatante. Même diversité dans le rhythme de leur poésie : à des accents graves et mélancoliques succédait une phrase rieuse et légère ; un air nasillard et un peu monotone se relevait tout à coup par une mesure passionnée, empreinte d'une énergie à demi sauvage.

Tant que durèrent ces chants, le repas s'interrompit pour recommencer à de larges intervalles. Au dessert, le Patriarche prit une pomme, la

coupa gravement en autant de parts qu'il avait
de convives, et en jeta un quartier dans chacun
de nos verres. Ensuite il se leva, portant à haute
voix la santé de ses hôtes, et renversa vivement
le contenu de son verre dans le verre du Consul,
qui le but tout d'un trait. Telle est la politesse
des chrétiens du Liban.

Le lendemain se passa à visiter le monastère :
ses gros murs, construits au dernier siècle, af-
fronteraient plus d'une attaque. Outre le couvent, son enceinte renferme un séminaire, une
église, un jardin, une fontaine, et de nombreux
bâtiments. Du haut des terrasses, une vue magnifique embrasse Beyrouth et Djebaÿl, la longue
chaîne du Liban, et, au delà de la mer, les montagnes de Chypre à l'horizon.

Le séminaire compte aujourd'hui une vingtaine
d'élèves, tous entretenus aux frais du Patriarche.
De savants professeurs, mettant à profit l'intelligence et la merveilleuse facilité des jeunes Arméniens, leur inspirent le goût des hautes études, et enrichissent leur esprit de connaissances
utiles. Le zèle des maîtres et des élèves est si
grand, que cet établissement lointain peut riva-
liser dignement avec les colléges, fondés par des

Religieux de la même nation à Vienne, à Venise et à Paris.

En entrant dans l'église, je fus frappé de voir un monceau de pantoufles et de babouches qui s'élevait à la porte. — L'usage des Arméniens, comme celui des Turcs, est de quitter ainsi par respect leurs chaussures pour prier.

Une longue balustrade en bois sculpté partageait l'église ; au milieu se dressait, comme un clocher pointu, la chaire patriarcale, incrustée de nacre. Des coussins de soie, brodés par des mains habiles, étaient disposés au pied de l'autel ; là s'arrêtaient les nattes qui recouvraient le pavé. Les diacres, portant des chapes en étoffes magnifiques, attendaient le Patriarche.

Il parut revêtu d'une ancienne chasuble traînante, qui brillait des plus belles couleurs. On y voyait encore au milieu des ornements, la date de 1742 et les armes de Benoît XIV, qui l'avait donnée dans Rome même au Patriarche Pierre Ier. Des croix de fleurs en grand nombre, descendaient de son étole. Une manche très-étroite serrait chacun de ses bras, sans monter plus haut que le coude.

Au moment où il commençait la messe, un

prêtre lui mit sur la tête, au lieu de son bonnet carré, un tarbouch, qu'il ôta le Sacrifice achevé. L'Évangile fut lu par un diacre ; les assistants faisaient à tout instant des signes de croix, comme les Grecs. Après avoir donné *la paix,* le Patriarche, s'adressant au peuple, s'écria : « Les choses saintes aux saints! » Belles paroles qui précèdent la communion dans toutes les églises orientales.

La messe terminée, on nous montra dans la sacristie une Vierge en ivoire d'un travail exquis, et une tête de madone, attribuée à Raphaël...

Étendus sur le long divan du Patriarche, nous lui faisions avec peine nos adieux et nous nous disposions à quitter Bzommar, lorsqu'un élève du collége, s'approchant de nous, fit un signe à ses compagnons. Tous entonnèrent un chant nouveau dont la musique et les paroles venaient d'être improvisées. On nous remit en même temps un rouleau qui contenait le manuscrit, présent indéchiffrable, si l'on n'avait eu le soin délicat de placer en regard une traduction italienne. C'étaient (on le devine déjà) des compliments empreints de toute l'exagération orientale. L'air

m'en parut fort beau (dois-je le confesser?), et la
poésie n'était pas non plus sans mérite, si l'on
en juge par ce commencement :

« Le lis et la rose se dorent au soleil, dont,
« chaque jour, les rayons nouveaux descendent
« sur ces fleurs avec la rosée : le Seigneur agit
« de même envers ses créatures, etc., etc. »

IX

Le drapeau tricolore à Reïfûn. — Biskinta. — Les
Druses. — Cornes et bronflis. — Une nuit au sommet
du Sunnin.

A peine avions-nous perdu de vue le monastère Arménien, où nous avions reçu une si bienveillante hospitalité, que je remarquai un drapeau tricolore, qui semblait s'avancer à notre
rencontre. Il nous atteignit bientôt, et les jeunes
gens qui le portaient firent retentir la montagne
des cris de : Vive l'Empereur ! Vive M. le Consul !
C'étaient les élèves de Reïfûn, avertis secrète-
ment par M. Depeyre de l'arrivée de M. de Lesseps, et qui venaient lui demander de s'arrêter
quelques heures auprès d'eux. Ces cris français,
poussés à mille lieues de la France par les enfants du vieux Liban, résonnèrent étrangement
dans ses vallées sauvages. L'écho du moins se
les renvoya longtemps, les répétant avec len-

teur, comme s'il s'essayait à les apprendre. Si loin qu'un Français puisse aller, la patrie reparaît tout entière à la vue de ce cher drapeau. En ce moment, bien des souvenirs se pressèrent dans notre pensée....

Reifûn est la résidence d'été des Lazaristes, qui y transportent les élèves laissés au collége d'Antûrah pendant les vacances. L'air y est encore meilleur et plus frais. A cette hauteur, la température n'a plus les rapides variations des plaines de la Syrie, où, du jour à la nuit, le thermomètre s'abaisse parfois de trente degrés.

Nous trouvâmes à Reifûn tous les Pères Lazaristes d'Antûrah, et une vingtaine d'élèves sachant bien le français. Il nous récitèrent avec beaucoup d'expression et un sentiment très-vrai quelques pages de nos meilleurs prosateurs et les plus beaux passages de Racine.

On avait convié à un grand repas plusieurs scheikhs des anciennes familles princières, et deux curés indigènes. Ceux-ci faisaient maigre, à cause du samedi; la veille, nous avions mangé gras : tel est l'usage des chrétiens du Liban.

Le Consul de France et M. Depeyre, qui nous avait si bien guidés jusque-là, restèrent à Reifûn.

Nous continuâmes notre route au milieu d'immenses blocs de rochers; descendant sans cesse pour remonter encore ; entrant dans un bois frais et plein de verdure pour retomber dans un désert de pierres brûlées, aux formes étranges et tourmentées. Nous passâmes auprès d'Ajeltoun, pays malsain, où les Sœurs de charité avaient fondé en 1854 une petite école maronite, qu'il fallut transporter peu après à Ghazir. Ensuite, traversant les petites rivières du Miel et du Lait (Nahr-Saïb, Nahr-el-Leben), nous gagnâmes Biskinta au coucher du soleil.

Il n'y a guère plus d'un siècle que les Jésuites, parcourant ces montagnes, établirent pour quelque temps à Biskinta le centre d'une mission. Leurs courses fréquentes dans le pays environnant les mirent en rapport avec les Druses.

Ceux-ci, dont la souple religion sait toujours se plier à leurs vues intéressées, ne manquèrent pas de montrer aux missionnaires un grand respect pour le christianisme, dont ils faisaient en secret profession, — disaient-ils. Ajoutant à cela le récit de leurs fables accoutumées, ils finirent presque par persuader aux Pères, que leur nation descendait d'un comte de Dreux, resté en

Orient après les Croisades. Leurs chefs principaux appartenaient, ils l'affirmaient du moins,
aux maisons de Guise et de Toscane : impostures
absurdes des adorateurs d'Hakem, qui simulent
un retour vers le christianisme, en même temps
qu'ils affectent un penchant plus réel pour la religion musulmane.

Biskinta comptait à cette époque bon nombre
de catholiques ; les uns Grecs, les autres Maronites. Ils ont aujourd'hui beaucoup diminué, et
cette bourgade n'est plus comme autrefois le
siége d'un archevêque grec.

Nous errons quelque temps au milieu des maisons de Biskinta, cherchant partout nos moukres,
et ne sachant ce qu'ils ont pu devenir : une
vieille femme nous tire d'embarras. Elle nous
assure qu'ils nous ont déjà précédés.

Cette femme est Druse ; vieille et curieuse, elle
ne semble en rien partager l'horreur qu'éprouvent
les femmes turques à la vue d'un Européen.
Elle porte une de ces cornes fameuses, la première que j'aie vue dans le Liban, où ces sortes
de parures disparaissent tous les jours. Cette
corne, plantée sur sa tête comme celle d'une
licorne héraldique, est parfaitement droite, ter-

7

minée en pointe, et assujettie à sa base sur un
cercle d'argent, qui serre fortement les tempes
et la nuque. Long d'un bon mètre, et composé
de carton et d'étoffe, cet étrange ornement est
peint en bleu et couvert de bizarres dessins.

On assure qu'une corne semblable doit être
prise par chaque nouvelle mariée au jour de ses
noces, et ne jamais la quitter, même de nuit. On
assure également qu'il y a eu des mandements
épiscopaux portant défense aux chrétiennes de
se parer de cornes. Celles-ci seraient donc aujour-
d'hui le partage de toutes les femmes druses, et le
signe distinctif des *princesses* seulement chez les
Maronites. Quoi qu'il en soit, leur nombre dimi-
nue sensiblement.

Bien des jeunes femmes du Liban ont renoncé
à cette antique parure, par crainte du ridicule et
par amour de la nouveauté.

Bien des femmes Metouâlis de l'Anti-Liban
portaient avec coquetterie, piqué dans l'aile de
leur nez, un clou d'argent, surmonté d'une turquoise, et appelé *hronfli*. Elles aussi dédaignent
à présent la coutume de leurs aïeules.

Coutumes singulières sans doute, bizarres
même : mais pourquoi les répudier au profit des

nôtres? Celles-ci sont-elles plus raisonnables?
Quel entraînement aveugle pousse l'homme de
ces contrées lointaines à sacrifier sa forte et originale individualité ? Il court avec joie se perdre
à tout jamais dans les flots de la civilisation :
flots d'une mer immense, dont la surface grise et
monotone couvre déjà l'Europe et s'étendra trop
tôt sur l'Asie.

Tout ce qui témoignait le caractère différent
des nationalités et des religions, tout l'éclat et la
richesse des costumes particuliers à chaque peuple, tout disparaît et s'éteint. Adieu les vives
couleurs, image de l'énergie morale et physi-
que d'une race primitive! Plus ternes aujour-
d'hui, elles vont encore s'assombrir et s'effacer.
Quand les Turcs ont dépouillé les habits et les
armes avec lesquels ils avaient tant de fois triom-
phé, on n'a plus vu en eux que l'ombre affaiblie
des Européens. Même en Orient, les Arabes ont
pris leur place.

Moins vite, mais aussi irrésistiblement, les
Arabes se confondent à leur tour dans le progrès
universel...

Le jour viendra peut-être, mais d'ici à longtemps, où l'espoir d'un gain chétif décidera leurs

enfants à tirer de la poussière ces antiques souvenirs, et à les reprendre dans quelque occasion
solennelle : comme pour amuser les yeux d'un
Anglais ennuyé, et donner une certaine couleur
locale à son *landscape*...

Malgré l'admiration bien naturelle du triste
Européen pour les costumes et les bijoux de l'O-
rient (et certes celui-là valait la peine d'être remarqué), nous ne pouvions rester plus longtemps
à Biskinta. La nuit sans lune descendait rapidement, et succédait sans transition à l'éclat du
jour. Il nous fallut encore gravir pendant trois
heures, avec des chevaux fatigués, le prodi-
gieux amas de pierres qui forme la base du
Sunnin.

Un vent très-froid, soufflant avec violence,
nous annonça que nous étions arrivés au sommet
de cette montagne, l'une des plus élevées du
Liban. Les bois de sapin, dont elle était autrefois
couverte, fournissaient à Tyr ses plus longues
galères : presque tous ont disparu à présent,
aussi bien que les cèdres, tant vantés dans l'Écriture. Plus tard, le Sunnin servit de limite au
royaume chrétien de Jérusalem, aux plus beaux
temps de sa prospérité. Nous y trouvâmes nos

tentes dressées, et une excellente installation pour la nuit.

Le lendemain, au réveil, nous apercevions à nos pieds cette grande plaine de la Bukâa, où s'élèvent les ruines célèbres d'Héliopolis ; il ne nous restait plus, pour y arriver, qu'à descendre le Sunnin. Ici, des sources, jaillissant de toutes parts, transformaient ses pentes en gracieuses prairies. Là, des faisans, endormis au milieu des bruyères, s'agitaient à notre approche, et s'élevaient en criant au-dessus des bois touffus. Plus loin, une terre rougeâtre et veuve de moissons, où se dressaient çà et là quelques stériles rejetons d'oliviers, gardait la triste empreinte de l'incendie et de la dévastation, armes ordinaires des guerres civiles.

X

Tout au bas du Liban, à l'entrée de la belle
plaine qui le sépare de l'Anti-Liban, s'élève en
amphithéâtre la jolie ville de Za'hlèh. Vues de
la hauteur, ses maisons cubiques, couvertes de
toits plats, percées de trous réguliers, et toutes
bâties sur le même modèle, semblent de gros
dés, échappés au hasard du cornet d'un joueur,
et répandus sur un tapis vert.

Sa population est considérable. Elle compte
plus de quinze mille habitants, en grande partie
catholiques. Les Grecs-Unis y ont un évêque et
un clergé nombreux. Dix curés maronites desservent également la ville et ses environs. Enfin,
c'est à Za'hlèh que les Jésuites ont fondé, vers
1840, une mission, qui, en peu de temps, a pro-

duit les plus heureux fruits. Un collége vint bientôt
compléter cette œuvre : il est aujourd'hui dirigé
par un savant Religieux, appartenant à l'une des
plus nobles familles d'Italie, le prince Sorogna.
Chaque dimanche, les élèves des missionnaires,
instruits à leur excellente école, vont porter dans
les pauvres villages l'enseignement élémentaire
des vérités de la foi.

Quelques chiffres feront mieux connaître que
tous nos éloges les résultats obtenus à Za'hlèh
par les RR. PP. Jésuites.

Autour de leur maison de paille et de terre, sont
venus se grouper successivement une trentaine
de catéchistes des deux sexes. Dix-sept maîtresses d'école, réunies en congrégation sous le nom
modeste de *Filles de la Mission*, se répandent au
milieu d'une population à demi barbare, et vont
prêcher l'Évangile aux Ansariens idolâtres
comme aux Grecs schismatiques. Cinq écoles,
sorties de celle de Za'hlèh, ont pris possession de
la Cœlé-Syrie et menacent déjà de s'étendre jusqu'aux ruines mystérieuses du Haûran, où les caravanes elles-mêmes craignent de s'aventurer.
Près de cinq cents jeunes personnes apprennent,
sous la direction des *Filles de la Mission*, les travaux

de l'aiguille, la lecture et l'écriture. Des inspections fréquentes, faites par les Jésuites, animent
le zèle des maîtresses et des élèves, et conservent intact parmi elles le dépôt des grands principes du christianisme.

De leur côté, les dix maîtres ne réunissent pas
moins de six cents jeunes garçons autour de leurs
pauvres écoles. Dans le seul village de Mollakah,
sur une population de 3,000 âmes, dont une
faible partie seulement est chrétienne, plus de
deux cents enfants des deux sexes viennent récla-
mer l'enseignement de nos missionnaires.

Le brouillard, qui couvrait la montagne depuis
le matin, s'était levé subitement, et nous laissait
apercevoir les colonnes dorées de Baalbèk se
dressant presque en face de nous. Il n'en fallut
pas moins, avant d'y arriver, continuer pendant
cinq heures une marche pénible sur un sol cre-
vassé et brûlant.

Nous semblions remonter le lit desséché d'un
fleuve immense dont l'Anti-Liban et le Liban,
qui courent parallèlement du nord au sud, auraient formé les gigantesques rives. Cependant
la grandeur naturelle d'une pareille scène ne di-
minua rien de notre admiration pour cette mer-

veille de l'art humain, que nous avions enfin atteinte. Le soleil couchant éclairait d'un rouge sombre les temples, les portiques et l'enceinte encore debout de la ville disparue. Nous ne pouvions nous lasser de monter, de descendre, de parcourir dans tous les sens ces ruines si belles. C'est aux pages éloquentes de Lamartine, bien digne de décrire un pareil sujet, qu'il faut se reporter pour conserver dans sa mémoire la magnifique et saisissante image d'Héliopolis.

Deux cités portaient autrefois le nom du Soleil, auquel elles étaient consacrées par la première et la plus excusable des idolâtries.

J'ai visité ces deux villes à quelques mois de distance : l'Héliopolis d'Égypte n'a conservé aucune trace de ce collége fameux, où peut-être Moïse avait été instruit [1] dans toute la sagesse des Égyptiens; où Solon avait appris à donner des lois à la Grèce; où Platon passa treize années dans la société des prêtres, qui lui révélèrent les mystères de leur science, et l'initièrent à la connaissance d'un Dieu unique. Un seul obélisque, élevé en l'honneur d'un grand roi de la douzième Dynastie, dont on lit encore le

---

[1] *Actes des Apôtres*, VII, 22.

7.

nom [1] taillé dans le granit, se dresse au milieu
des dattiers, des grenadiers, des orangers et des
jasmins en fleur. Il annonce de loin, au voyageur qui traverse péniblement les sables du désert, la présence de cette charmante oasis, où
les inondations périodiques du Nil ont fertilisé
des ruines et transformé en un délicieux jardin les temples, les maisons, les portes de la
ville.

L'Héliopolis de Syrie, au milieu d'une plaine
autrefois féconde, aujourd'hui changée en désert,
se détache sur les flancs noirâtres de l'Anti-Liban : ses colonnes hautes de soixante-dix pieds,
ses portes inébranlables, ses murs épais, semblent défier les bouleversements de la nature
aussi bien que les outrages des hommes. Bâtie
au temps des Antonins, elle est presque contemporaine du beau temple de Jupiter Olympien à
Athènes, dont l'élévation et la vaste enceinte peuvent donner quelque idée de ces nobles ruines.

L'imagination des Arabes, dont l'esprit poétique comprend toutes les grandeurs, retrouve ici
les débris d'un palais antique, élevé à la gloire
du vrai Dieu par Salomon, assisté des Génies

[1] Osortasen.

que sa science avait soumis à ses ordres. Il y a
en effet une frappante analogie entre les blocs
massifs employés à Baalbèk, et les restes énormes
des murailles Salomoniennes, qui subsistent encore dans les souterrains du Temple, à Jérusalem.

Mais là aussi il faut reconnaître la supério-
rité de la mécanique Égyptienne, non-seulement
sur la nôtre, mais sur toute celle de l'antiquité.
La plus grande pierre taillée à Baalbèk a cin-
quante-cinq pieds de long; encore est-elle restée
couchée au fond d'une carrière, faute peut-être
de moyens pour la transporter. Le Delta et le
Saïd, où il n'y a pas un seul gisement de granit,
n'en étaient pas moins couverts d'obélisques,
qu'il avait fallu tailler dans les rochers de la première cataracte, sur les frontières de la Nubie.
On retrouve encore dans les carrières d'Asouan
un long monolithe de granit rose, haut de quatre-vingts pieds et large de neuf seulement; depuis des siècles il attend la main de l'ouvrier
habile, qui savait le faire descendre à travers les
sables jusqu'au Nil, et l'eût élevé ensuite, avec un
obélisque jumeau, à l'entrée des palais de Thèbes
ou de Memphis.

Le lendemain de notre arrivée à Baalbèk, nous assistions à une belle messe, chantée en grec et en arabe par l'archevêque, et célébrée suivant le rite oriental. L'autel était placé dans un sanctuaire, séparé de la nef par une cloison de bois de cyprès sculpté, qui exhalait une odeur pénétrante. On dit que ce bois, tout à fait incorruptible, tue ou fait fuir les insectes. Il est de fait que l'église de Baalbèk fut le seul lieu, où les innombrables petits moustiques de la Bukâa cessèrent de nous poursuivre.

Trois portes, fermées seulement par des rideaux, relient le sanctuaire au reste de l'église. Fixées sur la cloison au-dessus des portes, les douces et tranquilles images des saints patrons de l'Église grecque : la Mère de Dieu et le Christ, saint Jean et saint Basile, saint Georges et saint Démétrius, se détachent sur un fond d'or et semblent nous sourire de leurs grands yeux noirs. La sérénité des figures, toutes posées de face, l'immobilité de leurs attitudes, la naïveté de leur expression, la raideur des draperies, offrent la reproduction exacte du type byzantin, tel qu'il s'est conservé en Orient, et tel qu'il subsisterait encore parmi nous sans les hardis efforts de Cimabuë et du Giotto, précurseurs immortels de Léonard et de Raphaël.

L'élévation des saintes images, et le voile qui les couvre jusqu'au moment de la cérémonie, semblent les dérober aux pieux baisers des fidèles : mais un petit tableau tout pareil, placé au-dessous de chacun des saints, permet aux habitants les plus dévots du village de les vénérer à leur manière, avec tous les signes d'un véritable respect.

Les hommes sont assis sur des stalles assez hautes, rangées autour de l'église; les femmes, voilées de la tête aux pieds, se placent dans une tribune grillée au-dessus de la porte. Il nous est bien difficile de suivre la messe, coupée par bien des *kyrie eleison*, plusieurs leçons chantées sur le ton de l'épître, et plusieurs bénédictions. Trois processions ont lieu, et trois fois le prêtre quitte l'autel pour parcourir la nef : à l'évangile, après la consécration, et au moment de la communion. A certains instants, toute l'assistance ôte son fez ou son *keffié* jaune, pour demeurer en bonnet blanc : alors on se courbe jusqu'à terre, et l'on fait à la hâte une prodigieuse quantité de signes de croix. Et puis les chants recommencent, le peuple répond avec assez d'ensemble, et tout d'un coup la messe est finie, un peu brusquement comme elle a commencé.

En rentrant sous ma tente, je passai devant une maison, d'où s'échappait une forte odeur d'eau de rose et d'encens. Le drogman se refusait obstinément à y entrer : « Il y avait là un mort, » disait-il.

Mais il ne nous empêcha pas du moins de revenir, dans la journée, pour suivre le triste cortége.

L'église était illuminée et déjà remplie de monde. A la porte, deux prêtres brûlaient l'encens et présentaient à l'archevêque des corbeilles remplies de pain, de riz, de fleurs et de guirlandes qu'il allait bénir. Puis le prélat s'avança lentement, précédé du clergé et des chantres : il adora l'autel, et alla s'asseoir sur la chaire pontificale, à droite de l'entrée.

On apporta devant lui le mort. C'était un beau petit enfant, vêtu de ses meilleurs habits, la tête couverte d'un fez à la manière des Grecs. De grosses boucles de cheveux blonds encadraient sa douce figure, empreinte d'un calme et d'une sérénité qui, hélas ! n'appartiennent pas à la terre.

Un diacre, chantant sur un rhythme nasillard et monotone, s'approcha de lui et plaça sur sa poitrine un bouquet de fleurs.

On avait présenté au prélat quatre gros cierges, unis deux par deux. Il les prit dans ses mains, les étendit vers le peuple, qu'il sembla bénir mentalement. On n'entendait, au milieu du silence général, que les exclamations inquiètes des enfants et les sanglots des femmes, qui retentissaient douloureusement dans tous les cœurs.

Puis l'archevêque entonna un psaume, les prêtres lui répondirent verset par verset ; le peuple récitait des litanies : les voix fraîches et claires des jeunes gens dominaient toutes les autres et portaient au loin les accents d'une mélodie douce et presque joyeuse. Les encensoirs s'élevaient dans l'air, et le sanctuaire disparaissait derrière un épais nuage de fumée. L'archevêque bénit encore une fois le peuple : les chœurs reprirent avec une nouvelle énergie.

Tous les parents du mort approchèrent un à un, en multipliant les signes de croix. Chacun prenait le bouquet placé sur la poitrine de l'enfant, en approchait ses lèvres, et semblait vouloir se pénétrer de cette odeur parfumée. Puis il baisait ce front si pur et ces petites mains, et retournait se mêler à la foule, pieusement age-nouillée. La cérémonie continua longtemps ainsi, au milieu des pleurs des femmes et des chants des prêtres. On nous présenta en sortant les cor-beilles bénites. Ainsi, tous les assistants purent emporter un souvenir des touchantes funérailles de l'enfant grec.

De retour à nos tentes, les chaudes heures du jour s'écoulèrent dans un *kief* agréable et paisi-ble. On vint nous en tirer pour nous montrer quelques objets antiques trouvés dans les ruines, des vases, des médailles : une entre autres de Prusias, et un écu à tête de Henri III, roi de France et de Pologne.

Par quel hasard singulier cette pièce se trou-vait-elle là, dans les solitudes de la Syrie? Y avait-elle été portée par quelque vieux ligueur, venu peut-être en Terre-Sainte pour expier par ce pèlerinage une part trop active dans les guerres sanglantes du xvie siècle ?...

XI

Vers le soir, nous allâmes rendre visite à l'archevêque, qui s'entretint longuement avec nous, et voulut bien nous communiquer des notes intéressantes sur les chrétiens de sa communion :

« Notre nation, nous disait-il (car chaque rite, en Orient, forme une nation à part, régie souvent par des lois particulières), notre nation comprend près de cent mille individus, disséminés depuis le Taurus jusqu'à la Cyrénaïque, principalement en Syrie et en Égypte. Vous pouvez y ajouter trois millions de catholiques du même rite en Russie, et deux millions en Autriche et en Hongrie.

« Les Grecs-Unis sont placés sous l'autorité spirituelle du Patriarche d'Antioche, d'Alexandrie et de Jérusalem. Notre Patriarche porte le titre de l'antique siége d'Antioche, parce qu'il remonte, par une succession non interrompue de pasteurs, aux temps des Apôtres. Dans les premiers siècles chrétiens, l'Église reconnaissait trois chefs spirituels : en premier lieu, l'évêque de Rome, successeur de saint Pierre ; après lui en Orient, les évêques d'Antioche et d'Alexandrie. Tel était encore l'état des choses au concile de Nicée (325). Les noms de Pape et de Patriarche, l'érection même en siéges principaux des évêchés de Jérusalem et de Constantinople furent de beaucoup postérieurs.

« Vous me demandez pourquoi l'on nous appelle *Melchites*. On voit apparaître pour la première fois dans l'histoire, vers 715, cette appellation injurieuse d'*esclaves du prince* (Melek), donnée aux fidèles par les Monothélites, dont l'hérésie, après avoir divisé l'Église pendant un demi-siècle, avait été condamnée, mais non étouffée, par le sixième concile général de Constantinople (680). Les Grecs unis au Saint-Siége ont conservé depuis, comme un titre de gloire, ce nom, qui prouve l'inébranlable fermeté de leur croyance.

« Mais venons à l'origine plus directe de notre séparation douloureuse avec nos frères d'Orient.

« A peine l'Église respirait-elle après les troubles cruels qui l'avaient affligée, qu'un schisme nouveau, plus dangereux que tous les autres, leva la tête, et divisa en deux parties presque égales le monde chrétien. Quand Photius, Patriarche de Constantinople, excommunié par Rome et deux fois déposé, fut remonté sur son siége (vers 880) ; quand plus tard, les légats du Pape répondirent aux reproches d'un autre Patriarche, Michel Cérularius, en prononçant dans la basilique de Sainte-Sophie l'anathème contre sept mortelles erreurs des Grecs (1054), il fallut bien ajourner tout espoir d'une réconciliation, que la rivalité des deux partis rendait alors impossible.

« Les Croisades, et surtout la prise de Constantinople par les Latins, loin d'unir la cause de tous les chrétiens contre les Infidèles, ajoutèrent encore aux animosités et à l'horreur des Grecs pour cette réunion des deux Églises, subie pendant soixante ans (1).

---

[1] Tant que dura l'Empire latin, de 1204 à 1261. Les Français et les Vénitiens ayant décidé que le choix du Patriarche apparlien-

« Cependant les efforts des Pontifes romains, le désir sincère de la paix et les besoins de la politique amenèrent plus d'une fois un accommodement passager. Le dernier et le plus célèbre entre tous eut lieu au concile de Florence, sous Eugène IV : l'acte d'union, signé par le Patriarche de Constantinople et par l'empereur Jean III Paléologue, le 5 juillet 1439, fut, dit-on, longtemps conservé à Paris.

« Mais cette apparente soumission, maudite à Constantinople, désavouée par presque toute l'Église d'Orient, et révoquée bientôt par le timide empereur, lui fut même inutile. Quatorze ans après, les malheureux débris du vieil empire romain s'écroulaient devant les armes triomphantes de Mahomet II, et les Grecs, abandonnés ou trahis par les nations chrétiennes, se dispersaient dans l'exil.

« Toutefois, les profanations commises dans Sainte-Sophie, convertie en mosquée, et les excès des Turcs farouches, ne les éloignèrent pas longtemps ; bientôt ils se pressèrent en foule autour du vainqueur, qui leur assurait une entière

---

drait à la nation dans le sein de laquelle ne serait pas pris l'empereur, ce fut donc Thomas Morosini qui fut élu.

liberté de conscience, en se réservant seulement
de confirmer le nouveau Patriarche, dont il relevait le nom antique et les priviléges.

« Vous savez le reste, Monsieur, et quelle influence, depuis trois siècles, les Grecs du Phanar
ont exercée en mainte occasion sur les destinées
de la Porte : plût à Dieu qu'elle n'eût pas été trop
souvent acquise aux dépens de leur dignité
d'hommes et de chrétiens ! On peut redire une
seconde fois, avec non moins de vérité que le
poëte romain : Les Grecs à peine soumis se
sont rendus les maîtres de leurs vainqueurs,

Græcia capta ferum victorem cepit...

« Puisque vous arrivez de Constantinople,
vous avez dû y trouver les rives de la Corne-d'Or
encore occupées par les deux puissants Patriarches schismatiques de Constantinople et de Jérusalem, entourés de familles nombreuses, que
d'immenses richesses consolent de leur grandeur
déchue ; soutenus visiblement et en tout lieu
par la Grèce et par la Russie ; prudents et habiles, flattant le Sultan, corrompant ses ministres, et obtenant l'exécution de firmans favora-
bles, la révocation ou du moins l'oubli de ceux

qui leur sont contraires. Tels sont les chefs d'une
nation de douze à treize millions d'hommes, su-
jette nominale de la Porte, mais attachée de
cœur au grand soutien de la foi qui se dit *orthodoxe*.

« Et cependant le Czar n'a sur eux aucun droit
réel de protection. Ses titres ne sont pas garantis
par des traités, ni reconnus formellement par
une tradition constante et par les actes nombreux
du gouvernement ottoman.

« Ce droit de protection sur les chrétiens d'O-
rient appartient incontestablement à la France,
dont la mission est grande et difficile à coup sûr.
Mais la France, en possession de ce glorieux
privilége, l'exerce-t-elle comme le prescrivent
ses devoirs, ses droits, ses intérêts?...

« Hélas! nous souffrons de voir nos frères sé-
parés retomber sous la redoutable tutelle de la
Russie. L'Angleterre cherche à nous travailler
dans tous les sens, et nous envoie des légions de
Bibles et de missionnaires. Le jour ne viendra-
t il pas où la France couvrira, au moins de son
ombre, ces autres Grecs, toujours attachés par
le cœur et par la foi au Saint-Siége, toujours ac-
coutumés à tourner leurs regards vers l'Occident

au sein des persécutions et de la détresse, faible,
mais compacte noyau de catholiques, dévoués à
la France dans ces régions lointaines?... »

La voix de l'archevêque s'était animée par degrés, des mots entrecoupés se pressaient sur ses
lèvres, ses yeux étincelaient....

Il se tut un moment : de grosses larmes roulè-
rent lentement le long de ses joues. Il semblait
absorbé dans une profonde tristesse : puis il reprit, d'un ton plus doux :

« Si vous saviez quelle misère est la nôtre !
Notre pauvre et malheureuse nation, poursuivie
par ses oppresseurs, a dû se réfugier dans le désert, chez les Arabes, dont elle a pris la langue
en conservant les mœurs simples et touchantes
de l'Église primitive. Ainsi nos prêtres sont nourris tour à tour dans les diverses maisons; ainsi
les impôts que le gouvernement turc exige du
clergé comme des autres *rayas*, par tête de bétail
et par pique de terrain [1], sont toujours payés par
les membres de la communauté.

« Nos évêques, dont le nombre rappelle celui des
douze Apôtres, sont élus par le peuple, sur une
liste de trois candidats présentés par le Patriarche.

[1] La pique varie de 0m 67 à 0m 72.

Ils se réunissent en Synode après le décès de ce dernier, et choisissent dans leur sein son successeur, dont l'élection doit être confirmée par Rome.

« Ce Patriarche n'a jamais pu résider à Antioche, où il n'y a pas un seul catholique. Mgr Mazlum avait inutilement cherché à s'établir à Constantinople, pour y veiller de plus près aux intérêts de son peuple. Il s'était d'abord fixé à Jérusalem, puis à Damas, centre le plus populeux de notre nation si disséminée. Mgr Bahus, qui le remplace aujourd'hui, a suivi son exemple, et ce n'est pas sa faute si la Syrie doit maintenant déplorer son absence. Il a sous sa juridiction les archevêques ou évêques (car ces dignités se confondent à nos yeux) de Tripoli, de Beyrouth, de Saïda (l'ancienne Sidon), de Sour (l'ancienne Tyr) et de Saint-Jean-d'Acre sur la côte de Syrie; ceux d'Alep, de Damas, de Za'hlèh, de Baalbèk, d'Homs et d'Hama, du Haûran et de Busra dans le désert; celui du Caire en Égypte.

« J'ajouterai, sur les ressources de ces différents prélats, quelques renseignements précis, puisés sur les lieux mêmes, que vous pourrez d'ailleurs fortifier du témoignage de vos Consuls.

« Grâce à Dieu, notre Église reste, dans une

certaine mesure, indépendante de la Porte, et n'est pas réduite à attendre d'elle aucun traitement, aucun revenu. Mais il ne lui est permis qu'à peine d'acquérir ou de recevoir des biens fonds.

« Le gouvernement du Sultan n'assignant, vous l'avez déjà remarqué, Monsieur, aucune somme, ne fournissant aucun secours pour les dépenses des différents cultes, impose à leurs nationaux la nécessité d'y pourvoir absolument. Nos Grecs-Unis ont très-peu de chose, et vivent, pour la plupart, dans le désert et dans les montagnes du Liban et de l'Anti-Liban. Privés de tout, comment pourraient-ils suffire par eux-mêmes aux contributions des Turcs, aux besoins du clergé, à l'entretien des églises, des écoles, au soulagement des pauvres ? Par suite, les indemnités des ministres du culte ne sont et ne doivent être qu'essentiellement variables.

« L'évêque du Caire, et ses vingt-deux ou vingt-quatre prêtres n'ont, pour unique ressource, que le produit des oblations volontaires, dues à la piété des fidèles, dont le nombre ne s'élève pas à plus de 4,000 individus.

« Cet évêque a reçu du Délégué apostolique en Égypte, au nom de l'OEuvre de la Propagation de la Foi, 3,000 piastres pour son église, et, depuis, 1,000 piastres annuellement pour ses pauvres. Mais qu'est-ce que cela en présence d'un si douloureux et si entier dénûment?...

« Chaque ville d'Égypte qui renferme des Grecs-Melchites a une petite école tenue par un ou deux diacres, qui enseignent aux enfants le catéchisme, la lecture et l'écriture arabe.

« Dans la Palestine, nous avons 600 Grecs-Unis avec deux prêtres à Jaffa ; 60 à Ramlèh, sans aucun pasteur de leur communion ; 60 à Jérusalem avec deux prêtres, dont l'un porte le titre de vicaire patriarcal.

« En Syrie, la population grecque-unie d'Alep monte à plus de 5,000 âmes.

Enfin, dans l'Eyalet de Damas, qui me touche de plus près, et qui comprend cinq diocèses, celui de Baalbèk me donne en moyenne 6,000 piastres de revenu (environ 1,335 fr. au taux de 4 1,2 piastres par franc). Dix prêtres, placés sous mes ordres, reçoivent environ 1,500 piastres chacun (330 fr.). L'évêque d'Homs, communauté très-peu considérable, reçoit 15,000 piastres, et ses neuf prêtres 1,500 piastres chacun.

« L'archevêque du Haûran a deux sortes de revenus : l'un à peu près fixe, quoiqu'en nature, et évalué à 10,000 piastres ; l'autre, casuel et dépendant du tarif des messes, des services religieux, etc., etc., et s'élevant à 3,000 piastres·environ. Un prêtre, attaché à sa personne, dans le but de diminuer pour lui les fatigues de l'épiscopat, touche 4,000 piastres : sept curés, vivant de la récolte annuelle et du produit de leurs troupeaux, ont chacun un casuel de 1,500 piastres.

« Hier, vous avez dû passer par Za'hlèh, où la population grecque-unie s'élève à 4,000 âmes environ, c'est-à-dire, presque autant que toute la population latine du diocèse de Jérusalem. L'évêque reçoit 20,000 piastres, dont moitié de casuel. Plus de cinquante prêtres, placés sous sa juridiction, reçoivent chacun pour tout traitement 1,500 piastres.

« L'évêque de Damas, vicaire patriarcal de ce diocèse, a la même part que les onze autres prêtres de la ville : toutes leurs ressources réunies s'élèvent à 44,000 piastres (8,000 de fixe et 36,000 de casuel), soit seulement 3,667 piastres pour chacun d'eux. Et encore cette dépense, assez lourde pour mes co-réligionnaires, doit-elle être justifiée par ce fait que, depuis plusieurs années, les prêtres ne sont plus nourris par les familles dans la seule ville de Damas. Ajoutez deux diacres, chargés de l'instruction primaire, et percevant chacun 2,000 piastres sur le prix des pensions fournies par les pères de famille. Le faubourg du Meïdan, qui compte 1,250 Grecs-Unis, est desservi par quatre prêtres, dont chacun touche un peu plus de 1,500 piastres : deux diacres, nourris par la communauté, y dirigent l'école. Enfin, les curés de quatre villages voisins vivent des produits de leurs chèvres et de quelques terrains, auxquels s'ajoute un casuel très-minime.

« Je m'arrête dans cette énumération déjà trop longue, mais qui, mettant à nu les misères de notre situation, m'a paru mériter votre attention sérieuse. Si le clergé inférieur est si pauvre, la tête du moins a-t-elle accaparé toutes les richesses du pays ? Vous avez déjà pressenti le contraire.

« Mgr Clemente Bahus, ancien curé d'Acre, Patriarche actuel d'Antioche, d'Alexandrie et de Jérusalem, n'avait à la lettre qu'un seul vêtement, alors que le choix de ses vénérables collègues, réunis dans le couvent du Saint-Sauveur, près Saïda, et la confirmation du Souverain-Pontife vinrent, au commencement de l'année 1856, le placer à la tête de la nation grecque catholique.

« Aujourd'hui, ses revenus *fixes* se composent de 18,000 piastres, provenant d'une taxation volontaire sur chaque père de famille ou maître de maison en Syrie, en Palestine et en Égypte. Quant au détail du *casuel*, qui se monte à 66,000 piastres environ, il se décompose ainsi :

« 19,500 piastres pour services religieux, messes, dispenses et prières ;

« 15,000 piastres de dîmes et dons volontaires du clergé ;

« 10,000 piastres fournies par cinq collectes annuelles dans toutes les églises, quête à laquelle chacun des membres de la communauté prend part dans la proportion de ses ressources ;

« 11,500 piastres provenant de legs et donations ;

« 10,000 piastres d'offrandes (en nature) au Patriarche dans ses tournées et visites diocésaines.

« Ainsi, la totalité des revenus de ce haut dignitaire du clergé, tenu à certains frais de représentation conformes à son rang, obligé d'entretenir son clergé, son séminaire, ses écoles, et de secourir les pauvres, ne dépasse pas la somme de 80,000 piastres, ou moins de 18,700 fr. [1].

« Il n'est pas inutile d'ajouter qu'à Rome les Patriarches catholiques d'Orient ont le rang et les honneurs des cardinaux, et viennent immédiatement après eux.

« Et cependant, malgré ce manque absolu de toutes choses, malgré la pauvreté qui pèse sur toutes les classes de notre malheureuse, mais énergique nation, elle fait les plus louables efforts pour sortir de l'ignorance où elle restait depuis longtemps ensevelie. Des enfants ont été placés à Alep et à Saïda, chez vos Sœurs de Saint-Joseph et chez les Franciscains. A Beyrouth, l'externat de vos Sœurs de Saint-Vincent-de-Paul, ouvert par leur charité aux enfants de tous les cultes, ne contient pas moins de cent jeunes grecques catholiques. Dans cette même ville, des écoles ont été formées sous la direction de l'évêque, Mgr Agabios : l'arabe, le grec, l'italien, le français, commencent à y être enseignés. En

---

[1] Les évêques français, dont le traitement est à peine suffisant, reçoivent annuellement 16,000 fr. de l'État, dont 1,000 fr. pour frais de visites diocésaines.

Égypte, Mgr Basilios, évêque du Caire et vicaire patriarcal d'Alexandrie, vient de fonder une église, et, dans le cours de cette année, il a fait venir à ses frais deux Frères des Écoles chrétiennes, pour servir d'instituteurs publics aux enfants de sa nation.

« Ce n'est pas là un fait isolé et sans importance, dans un pays où tout manque à la fois, maîtres, instruction et argent. Les Frères des Écoles chrétiennes, établis depuis plusieurs années en Orient, se sont fait connaître avantageusement à Constantinople, à Smyrne et en Égypte. Leur niveau d'enseignement est bien suffisant pour la presque totalité des enfants qu'on leur amène ; leur humilité, leur soumission aux évêques préviennent tout conflit regrettable : bientôt, je l'espère, ils s'étendront dans toute la Syrie et dans la Palestine.

« Nos vœux, les désirs du Patriarche, appellent à Damas ces utiles auxiliaires. Vous verrez bientôt le couvent et la belle église que Mgr Mazlum y fonda, il y a peu d'années. Mais ce n'était pas assez : il acheta des terrains fort étendus dans le quartier juif, et y éleva un collège. A peine l'avait-il achevé qu'il mourut, et cette œuvre, si bien commencée, a langui depuis, sans avoir jamais pu être achevée.

« Ce collége, qui est un des plus beaux bâtiments de Damas, forme un long carré, attenant à l'église et situé au milieu de grands jardins. Construit en pierres de taille, matériaux très-chers et fort rares dans le pays, il se compose, au rez-de-chaussée, des parloirs, des réfectoires et de huit classes pouvant contenir plus de quatre cents élèves : le premier étage est tout entier consacré aux chambres des maîtres et aux dortoirs. Deux galeries extérieures permettent de surveiller facilement toute la cour qui sert de lieu de récréation aux enfants. L'emplacement est vaste, l'air très-sain, l'eau abondante : ressource bien précieuse dans nos climats brûlants et fiévreux !

« Il ne s'agit plus à présent que d'y amener des maîtres : les élèves sont tout prêts.

« Mais ici, trois difficultés presque insurmontables se présentent : il est aussi difficile de rencontrer des maîtres indigènes, suffisamment instruits, que de trouver, dans notre pauvreté, des ressources pour les payer. De plus, l'enseignement doit être nécessairement gratuit : aucune famille ne voudrait et ne pourrait s'imposer de sacrifices pour l'éducation de ses enfants. C'est donc à l'Europe et à la France qu'il faut nous adresser pour obtenir ce nouveau bienfait, si nécessaire à notre régénération morale. En peu de temps, d'ailleurs, nos élèves seront à leur tour formés à l'enseignement professionnel, et nous rendront d'utiles services. Bientôt, un séminaire, déjà construit, remplacera le monastère du Mont-Liban, où se formaient nos évêques et nos Religieux, et que les Druses détruisirent il y a quinze ans... »

XII

Quinze lieues à peine séparent Baalbèk de Damas : il ne nous fallut cependant pas moins de deux jours pour faire ce trajet, par suite des lenteurs du drogman et des perpétuelles discussions entre les moukres, race aussi peureuse qu'irritable et insubordonnée.

Ce retard nous contraria d'abord, mais la vie nomade apprend la philosophie : elle a d'ailleurs mille ressources imprévues qui font bientôt oublier toutes ces légères contrariétés. Chaque objet nouveau saisit l'attention du voyageur, et fait travailler son esprit.

Le désert même a du bon, car sa monotonie permet de revenir par la pensée sur les spectacles qui nous ont frappés davantage ; on peut ainsi les examiner de nouveau, les étudier à

loisir, et les graver plus profondément dans sa
mémoire. Le désert, et c'est là son inappréciable
mérite, nous met en face des grandes beautés
de la nature, dont notre vie toute factice nous
distrait : il nous apprend à les connaître, à en
jouir et à les admirer.

C'est une joie véritable, que de voir le soleil
se lever radieux, et inonder de lumière l'immense étendue de la plaine. C'est une précieuse
douceur, que d'apercevoir de loin, après six heures de marche, le figuier racorni ou l'unique
sycomore, à l'ombre duquel on pourra s'étendre
et faire une sieste délicieuse, en dépit des moustiques et des scorpions. C'est avec bonheur, si
l'eau s'est corrompue dans les outres ou a été
volée par quelqu'un de la caravane, qu'on rencontre, après plusieurs puits desséchés, la touffe
de roseaux qui annonce la présence d'une petite
source. Trop souvent elle est saumâtre : on en
corrige le goût avec quelques gouttes de *raki*,
et l'on tire alors ses œufs durs, soigneusement
conservés dans les fontes de sa selle, avec du
pain bis, presque moisi, ou de fades galettes
arabes.

Le soir venu, on ne s'arrête pas dans le misé-

rable village, dont les hommes vous font assez
mauvaise mine ; les femmes, à votre aspect, rentrent précipitamment dans leurs maisons, tandis
qu'une nuée de petits enfants poursuit le voyageur en lui jetant des pierres, ou réclame, par
mille cris aigus, l'inévitable *bakschich*.

On va plus loin, on choisit le creux d'un val-
lon, ou l'abri de quelque gros rocher. On dispose
son camp : tandis qu'on fume paisiblement son
tchibouk, les piquets s'enfoncent dans la terre,
les tentes se dressent. Les chevaux, après avoir
mangé l'orge et la paille hachée, errent quelque
temps en liberté ; les mulets, enfin déchargés,
s'enfuient au grand galop à travers les broussailles.

L'ordre renaît peu à peu, à la suite de la plus
bruyante confusion.

Nous nous accroupissons sur le tapis en poil
de chèvre, devant une bonne soupe et du *pilaf*
fortement épicé. Cependant, nos Arabes se ré-
chauffent au feu des branches sèches : ils écoutent, dans un silence admirateur, l'interminable
conte que leur fait le drogman, et où reviennent
à tout instant les trésors de diamants et d'éme-
raudes, les turquoises persanes grosses comme

des noix, les colliers de perles trouvés dans le ventre d'un poisson par le jeune pêcheur indien, les tonnes de sequins d'or, et les chameaux chargés de sacs de *talaris*.

Nous nous enveloppons dans de lourds manteaux; car l'air, si desséchant tout à l'heure, est devenu humide, et la terre commence à blanchir sous la rosée. Le ciel est noir : de grosses étoiles paraissent l'une après l'autre, et finissent par diaprer tout le firmament. Elles brillent de mille feux, et se reflètent dans le petit ruisseau qui coule lentement au bord du sentier. Des constellations inconnues à nos yeux se lèvent, aussi belles dans leur immortelle jeunesse et aussi resplendissantes, que lorsqu'elles furent observées pour la première fois par les Chaldéens, dans ces mêmes plaines qui s'étendent jusqu'à la Mésopotamie.

Il se fait tard cependant; on doit partir demain au point du jour : on rentre donc dans sa tente, on se couvre de son mieux contre la fraîcheur dangereuse de la nuit, et l'on s'endort bien vite, malgré les cris des bergers attardés et les aboiements plaintifs des chacals...

L'Anti-Liban franchi, nous suivons quelque

temps le cours d'un ruisseau, qui se dirige vers l'est, et tombe en bruyantes cascades sur les larges pierres noires qui s'élèvent çà et là au milieu des sables. C'est le Barrada (l'Abana et le Pharphar de l'Écriture) : il va bientôt se diviser en sept branches pour arroser l'Oasis de Damas, et se perdre ensuite dans le lac salé, que nos hommes appellent *Bahr el Heidjany*.

On sait la réponse que fit ce général Syrien à son roi, qui lui donnait l'ordre de marcher sur Jérusalem : « N'avons-nous pas à Damas les fleu- « ves d'Abana et de Pharphar, qui sont meilleurs « que ceux d'Israël? »

Comment comparer en effet les tristes rochers, au milieu desquels le torrent du Cédron se précipite pendant quelques mois de l'année, ou les bords fangeux du Jourdain, aux prairies épaisses de la Syrie et aux jardins embaumés de Damas? Quelle nécessité poussait donc tous ces grands conquérants, possesseurs d'un riche et fertile pays, à s'emparer de la terre ingrate et pierreuse de la Palestine? Je n'en puis découvrir qu'une raison : la Judée, par sa position géographique, formait le trait d'union entre l'Asie et l'Égypte, objet de l'éternelle et ardente convoitise des Orientaux;

Hébron et Gaza, redoutables avant-postes, étaient les clefs des villes ouvertes d'Arsinoé et de Péluse; quelques journées de marche seulement séparaient les bords de l'Idumée des rives du Nil.

Nous faisons une courte halte à Zebedany, gros village où il n'y a que dix familles catholiques. Le curé vient nous voir : nous lui offrons la pipe et du thé ; car notre provision de café a fini tout d'un coup, s'il faut en croire les protestations du drogman. Une foule énorme nous environne, plusieurs même veulent se glisser sous la tente : le cuisinier se fâche, les moukres crient, le mieux est de plier bagage pour nous débarrasser de ces hôtes incommodes....

A la grande et verte prairie ont succédé des vignes, chargées de grappes rouges et succulentes, qui nous rappellent ces beaux raisins du pays de Chanaan que les Israélites avaient peine à porter.

Ensuite des sables, une terre nue, et des montagnes de craie, dont la blancheur éblouit. Leurs flancs sont percés d'une quantité innombrable d'ouvertures carrées, rangées sur plusieurs étages, et qui semblent à peine accessibles à un être humain. On assure cependant que ces grot-

tes désertes de l'Abylène étaient autrefois habi-
tées par un peuple de Troglodytes, comme cette
ville méridionale de la Sicile qu'on montre encore, creusée tout entière dans le roc.

Pourquoi ne pas leur attribuer une origine
plus récente? Pourquoi n'y pas voir ces cellules
où, pendant les premiers siècles de l'Église, de
graves Religieux se retirèrent pour échapper aux
persécutions, et surtout pour éviter les dangers
d'une société corrompue et païenne? Sans doute
ils voulurent se dérober aux bruits du monde en
s'enfonçant dans ces antiques carrières,

> Où, dans le roc qui cède et se taille aisémen¹,
> Chacun sut de sa main creuser son logement ¹.

Cette agglomération de petits trous superpo-
sés donne à la montagne l'aspect d'une longue
ruche. Pieuse retraite des cénobites, elle portait
le nom gracieux de *laure*, et fut souvent le berceau de célèbres monastères. Que de fois nous
avons rencontré en Orient de pareilles laures,
depuis les mornes déserts de la Palestine, jusqu'aux solitudes de la Thébaïde, dont le vaste
horizon embrasse du moins le large cours du

---

¹ Boileau, *Épîtres.*

Nil, ses coudes gigantesques, et les heureuses campagnes qu'il féconde tous les ans !

Une tradition maronite, qui repose sur je ne sais quelle autorité, place dans la vallée sauvage et désolée de l'Abylène, le lieu du premier crime commis par les hommes. Depuis ce temps-là fut maudite cette terre ingrate, « qui avait ouvert sa « bouche, et qui avait reçu le sang d'Abel, lors- « que la main de Caïn l'avait répandu[1]. » Notons en passant que le meurtrier se retira, suivant l'Écriture, « vers la région d'Éden, » et qu'un village du Liban porte aujourd'hui ce nom.

Les Grecs montrent encore aux environs de Damas la contrée d'où le Créateur aurait pris le limon qui forma le premier homme. Le lieu du sacrifice d'Abraham fut, suivant les Juifs, le Mont-Moriah, où s'éleva plus tard le temple de Jérusalem. Enfin, saint Jérôme rapporte, comme une légende digne de foi, que la tête d'Adam avait été ensevelie au-dessous même du Calvaire : pieuses et mystérieuses traditions qui augmentent encore la vénération des enfants de l'antique Syrie pour leur terre natale, aussi célèbre dans la Bible que dans l'Evangile.

[1] *Genèse*, IV, 11.

Six heures après avoir quitté Zebedany, nous arrivons enfin au sommet du dernier rameau qui se détache de la chaîne du Djebel-esch-Schurki. Nous nous reposons quelque temps sous un petit kiosque, d'où l'on découvre une vaste étendue de pays.

Au milieu d'une longue forêt de noyers, de pêchers, d'abricotiers, d'arbres fruitiers de toute espèce, dont la verte ceinture la sépare du désert, Damas s'étend à nos pieds avec ses minarets et ses tours, ses splendides mosquées, ses maisons en terrasse et ses longs faubourgs. La capitale de la Syrie, la Perle de l'Orient, forme le centre de ce délicieux jardin qui, du sud au nord, n'a pas moins de cinq lieues.

Au delà, vers l'est, nous voyons reparaître la région abandonnée et stérile. De grosses trombes de sable, soulevées par le sirocco, tournoient dans les airs; des montagnes nues et décharnées, qui se détachent sur le ciel bleu, s'avancent vers le Haûran. De nombreuses troupes d'oiseaux, disposés en triangle, passent en criant au-dessus de nos têtes, et, plus heureux que nous, disparaissent à tire d'aile dans la direction de Palmyre.

Quelle a été l'origine du kiosque, à l'abri duquel

nous pouvons contempler à notre aise ce magnifique tableau? J'incline à croire qu'il fut élevé
par l'ordre de quelque Pacha, plus sensible qu'un
autre aux beautés de la nature, et désireux d'y
venir souvent faire son *kief*, avec ce beau pano-
rama sous les yeux.

Les Grecs racontent que cette ruine est le reste
d'un de leurs monastères Basiliens, détruit au
dernier siècle : il est de fait qu'en tous pays les
moines ont toujours su choisir les plus remarquables sites pour y fonder leurs couvents. Les
Turcs y voient tout simplement le tombeau d'un
ermite musulman, d'un santon.

Mais une légende arabe, plus poétique, plus
merveilleuse, et par là même plus populaire,
affirme que ce point marque l'endroit où durent
s'arrêter les armes victorieuses de Mahomet.
Nouveau Moïse, il put voir du haut de cette montagne la riche proie dont son peuple allait s'emparer, et, comme son illustre devancier, le Prophète reçut l'ordre de l'Éternel de ne point entrer
dans cette Terre Promise.

XIII

Enfin, nous arrivions à Damas, où l'hospitalité bienveillante du Consul, M. Max Outrey, nous attendait. Il nous fut très-facile, grâce à lui, de visiter la ville, les jardins, les bazars, et de pénétrer même dans l'intérieur de plusieurs maisons.

Celles des Juifs, qui forment tout un quartier, sont de beaucoup les plus riches et les plus magnifiques. Les cours, pavées de marbres précieux, plantées d'orangers et d'arbustes en fleur, sans cesse rafraîchies par des jets d'eau et des fontaines, entourées de longs portiques, se terminent par une haute voûte, bariolée de diverses couleurs. Au-dessous, règne un large divan où l'on reçoit d'abord les étrangers.

Entre-t-on dans la maison elle-même, dans

chaque pièce un bassin d'eau vive, d'une fraîcheur charmante ; des incrustations de nacre,
d'ivoire et de bois indien sur tous les panneaux ;
aux caissons du plafond, sculpté et émaillé de
petits miroirs, pendent des œufs d'autruche ; d'é-
légants coussins, tissus à Homs, reposent sur
les moelleux tapis du Khoraçan. Ailleurs encore,
on nous fait admirer un appartement, dont les
murs sont tous couverts de glaces de Venise, entourées de peintures, assez médiocres, il est
vrai, du genre Pompadour. Aussi Damas est encore à présent la *cité* tant *vantée*, la *ville des plai-
sirs*, comme la nommait Jérémie.

Le costume de nos hôtes ne manquait pas d'une
certaine originalité.

Les hommes portaient un bonnet de fourrures, d'où s'échappaient deux nattes de cheveux
plus fauves encore, qui tombaient sur leurs
épaules en encadrant leur tête. Le vert, le jaune,
le rouge écarlate, se réunissaient à la fois sur la
robe des femmes. De pesants bracelets, de larges
chaînes d'or couvraient leurs bras et leur cou ;
au-dessus de leur tête s'élevait en industrieux
étages une montagne de fleurs, de rubans, de
pierreries, même de monnaies. Enfin, elles re-

9.

haussaient leur petite taille, en se traînant lentement sur de minces sandales de bois parfumé,
hautes d'un demi-pied.

A côté des Juifs, si puissants à Damas, se placent un certain nombre de chrétiens.

La communauté grecque, qui est la plus importante, se divise en deux parties très-inégales :
l'une schismatique, fort riche et dirigée par un
ancien aumônier de l'empereur Nicolas; l'autre,
demeurée en communion avec l'Église romaine,
pauvre, et ne comptant guère plus de quatre
mille individus.

Même différence entre les forces des schismatiques et des catholiques appartenant aux autres
communions orientales. Les Syriens-Unis, au
nombre de trois cents seulement, ont à Damas
un évêque et deux prêtres. Le revenu de l'un
monte à sept mille piastres environ, celui des
deux autres à moins de deux mille. Leur pauvreté les oblige à demander tour à tour leur
entretien et leur nourriture aux familles les
plus aisées. Trois cents âmes également et
un seul curé, représentent ici la nation Arméno-
catholique. Hâtons-nous d'ajouter que le chiffre des convertis au protestantisme par la mis-

sion anglo-américaine est encore moins élevé.

Quant aux Maronites, toujours demeurés fidèles à l'Église romaine, ils ne dépassent pas le nombre de cinq cents âmes, séparées en deux paroisses. L'un et l'autre curé possède un revenu variable de trois à quatre mille piastres.

Enfin, les seuls Latins qui composent la paroisse des PP. Franciscains de Terre-Sainte, forment aujourd'hui une agglomération de cent quatre-vingts individus.

Quand, vers 1640, les premiers Jésuites furent appelés à Damas par le Patriarche grec Eutimios, ils n'y trouvèrent que trois familles de catholiques, sans compter ceux qui appartenaient aux rites orientaux. Un siècle plus tard, le zèle des missionnaires français, la fermeté des Patriarches, la protection de nos Rois et la bienveillance passagère de quelques Pachas, avaient porté à neuf mille le nombre total des catholiques, pour la ville seulement. Ce nombre a diminué depuis : si l'on veut ajouter aux catholiques de Damas ceux qui sont dispersés dans les villages voisins, on n'atteindra pas aujourd'hui le chiffre de six mille âmes.

Mais ce décroissement sensible s'arrête, et tout

va bientôt changer de face ; il est permis de l'espérer. La mission des Jésuites, interrompue par le martyre de plusieurs Pères, a été reprise avec ardeur par les Lazaristes. L'école française est devenue encore une fois impuissante à contenir les enfants qui s'y pressaient.

Quatre prêtres et trois Frères y dirigent quatre classes, dont une de français. L'enseignement religieux y domine, mais aucun élève n'en sort sans parler couramment le français et l'italien, sans savoir lire, écrire et calculer.

En arrivant à Damas, les premiers Jésuites avaient obtenu d'acheter à bon compte une maison, libre de toute contribution. Les Lazaristes n'ont pas trouvé la même faveur ; l'agrandissement, devenu nécessaire, de leur couvent, est pour eux la cause de considérables dépenses. On va bientôt aussi porter la main sur l'incommode maison turque, occupée par les Sœurs de charité, et y faire enfin les changements convenables.

L'établissement de nos Sœurs à Damas, véritable conquête de la civilisation sur les préjugés du vieil Orient, avait longtemps rencontré les plus sérieuses difficultés, dont l'énergie seule de nos Consuls a pu triompher. Damas, cette ville

sainte aux yeux des Turcs, peuplée d'un grand
nombre de fanatiques qui échappent complète-
ment à l'action des autorités, Damas est restée
jusqu'à présent le refuge et le centre de tout ce
qui repousse les réformes imposées aux souverains Ottomans par la volonté de l'Europe et par
la nécessité de prolonger la durée de leur empire.

Il y avait là, en effet, de graves dangers auxquels s'exposaient nos courageuses filles de
Saint-Vincent-de-Paul, et qu'elles ont surmon-
tés. Sans parler du meurtre du P. Thomas, qui
remonte à 1840, pouvaient-elles oublier qu'en
1849, lorsque la femme et la fille du Consul de
France, M. Combes, avaient péri du choléra sous
ses yeux, atteint lui-même du fléau, il fut arra-
ché de son lit par des furieux, et entraîné hors
de la ville sainte que nul cadavre ne doit souiller?
Peu d'heures après, il expirait.

Enfin, pendant mon séjour à Damas, un Européen, qui, poussé par une curiosité fatale, s'était
hasardé, sous un déguisement turc, dans la grande
église de Saint-Jean-Baptiste, aujourd'hui convertie en mosquée, fut reconnu et assommé; il y
laissa une oreille, et faillit perdre la vie.

Tel est l'état des esprits que nos Sœurs sont

venues adoucir, sans secours, sans argent, sans autre appui que la sympathie d'une vingtaine de Français et d'une centaine d'Européens.

C'est cependant au moyen de *dix Religieuses seulement* que l'œuvre de charité a été entreprise.

Trois Sœurs sont attachées au dispensaire. Celles-ci reçoivent chaque matinée environ deux cents malades.

Longtemps avant qu'on ouvre les portes du couvent, on voit stationner dans la rue étroite une foule nombreuse de toute race, de tout âge, de tout sexe, dévorée par la misère et la maladie, mais admirable de résignation. Ils se renouvellent sans cesse : ils entrent un à un, et reçoivent une consultation gratuite du médecin attaché à l'établissement. Les remèdes, préparés dès la veille, sont appliqués par les mains douces et habiles des Sœurs, qui triomphent dans cette œuvre de dévouement, remplie avec simplicité, sans un instant d'effroi ni de dégoût pour l'affligeant spectacle qui s'étale longuement sous leurs yeux.

Là viennent en effet se montrer à nu toutes les misères de l'humanité : cette fièvre lente qui mine l'Arabe, qui ternit son regard et dessèche ses os ; ces cruelles maladies de poitrine qui frappent sans pitié les adolescents, surtout les jeunes filles ; ces plaies profondes qui s'élargissent trop vite, envenimées par la vermine, la malpropreté et l'extrême chaleur ; ces ophthalmies si fréquentes, si dangereuses, où l'œil, ébloui par les implacables rayons du soleil, et enflammé par le vent ·chargé des sables du désert, est presque aussitôt perdu sans retour ; enfin ces horribles maladies de la peau, dont le nom seul fait frémir : l'éléphantiasis, le charbon, le bouton d'Alep, la lèpre, etc., etc., marques indélébiles de la malédiction divine qui pèse depuis tant de siècles sur cette terre d'Orient !

Ce n'est pas assez de secourir les malades qui passent : il faut encore aller chercher ceux dont l'état réclame des soins plus longs, des secours plus assidus. A côté du dispensaire s'élèvera donc l'hôpital, cette œuvre fondamentale des Sœurs de charité, qui, nous l'espérons, pourra bientôt trouver sa place dans leur maison agrandie.

Cet établissement, nécessaire dans toutes les grandes capitales des provinces, l'est plus encore à Damas, seconde ville de l'empire par sa population, située dans une *oasis* qu'environne le désert, au point de départ des nombreuses caravanes de la Mecque, d'Alep et de Bagdad, qui reviennent y aboutir.

Mais, en attendant la création de l'hôpital, les Sœurs de charité font d'héroïques efforts pour y suppléer, sans mesurer leurs fatigues et sans souci des fièvres, fréquentes sur cette terre tour à tour brûlante ou trop humide.

Malgré la chaleur suffocante et la longue étendue de Damas, elles vont dans l'après-midi porter à domicile le linge, les vêtements, les remèdes indispensables aux pauvres et aux infirmes. Souvent, vers le soir, un musulman vient les prendre, leur fait signe de le suivre, et les conduit dans les quartiers les plus isolés, où, le jour même, il serait dangereux de pénétrer : enfin, il s'arrête devant une pauvre masure, où languit le malade qui lui est cher. Celui-ci se croit déjà mieux à la vue des médecins-femmes (*Hakim kara*), dont il a entendu conter tant de miracles; leur présence le fortifie, le console ; leurs ordonnances sont écoutées avec une soumission profonde, et fidèlement exécutées. Le calme renaissant, la confiance en un pouvoir supérieur

et des soins éclairés maîtrisent souvent la maladie.

La visite finie, les courageuses filles rentrent
chez elles, presque toujours sans encombre, et
reconduites avec cette gracieuse cérémonie, qui
n'abandonne jamais même les plus misérables
des Orientaux. A quelque temps de là, si un
Arabe à cheval les salue en posant la main sur
son cœur, sur sa bouche et son front, si quelque
hammal, pliant sous son lourd fardeau, se range
devant elles, ou si quelque ouvrier leur fait en
passant une grimace amie, elles sourient à cette
expression naïve de la reconnaissance, et remer-
cient le Ciel d'avoir été jugées dignes d'opérer
encore une guérison.

D'autres fois elles sortent à cheval, et se dirigent avec résolution vers un village éloigné,
vrai repaire de voleurs ou de fanatiques. A
l'aspect de ces femmes inconnues, au costume
étrange, qui s'avancent le visage découvert, seules et sans escorte, chacun se retire avec défiance. Bientôt quelques enfants curieux paraissent. Elles s'informent s'il n'y a pas quelques
pauvres à secourir, quelques misères à soulager :
peu à peu on s'empresse autour des bonnes

Sœurs, on les environne : chacun se plaignant d'un mal, qui souvent n'est que trop réel, veut les retenir un instant sous son humble toit. Elles pénètrent donc hardiment dans ces sales et infects réduits, et savent y apporter quelques adoucissements à de profondes douleurs. Enfin elles partent au déclin du jour, ayant peine à modérer l'élan d'une gratitude sincère, qui se témoigne par des présents bizarres et de toute nature, tels que des parfums, des poignards et des pipes.

On sait aussi que nos Sœurs de charité recueillent gratuitement des orphelines; mais, faute des moyens de pourvoir à leur subsistance, elles n'ont pu jusqu'à présent loger dans le couvent de Damas que six pauvres jeunes filles. Ce nombre s'accroîtra sans doute, lorsqu'elles pourront donner quelque développement à l'étroite maison où elles sont resserrées.

Les occasions d'ailleurs ne manquent pas. Tantôt, c'est un enfant délaissé la nuit sur le seuil de leur porte; tantôt un autre qu'on leur amène, parce qu'il est malade et coûte trop à sa famille; ou bien une femme, une mère abandonne son mari, ses petites filles, et s'expatrie en disant : « Elles ne manqueront de rien, les magiciennes

« y pourvoiront! » Magie vraiment divine, que celle qui fait ainsi reconnaître et révérer sa puissance au milieu de nations infidèles !

Cinq Sœurs s'occupent de l'éducation des enfants ; tout en leur donnant des principes moraux et religieux, elles s'efforcent de les sauver, par l'habitude du travail, de la dissipation et du désordre. Près de deux cents jeunes externes se rendent aux classes arabes, à la classe française et à l'ouvroir, où, deux fois le jour, elles apprennent le travail à l'aiguille, la confection des chemises, la broderie et d'autres ouvrages manuels.

De leur côté, les Pères de Terre-Sainte ont ouvert une école qui ne compte pas moins de cent six élèves, sous la direction de trois professeurs ; l'un Religieux, et comme tel ne recevant aucun traitement ; les deux autres laïques, se partageant une somme annuelle de 3,220 piastres, soit 358 francs pour chacun d'eux. A l'instruction élémentaire, ces maîtres joignent la pratique d'un métier professionnel, tel que celui de serrurier de charpentier, de tailleur, etc. Enfin, loin de recevoir éventuellement la moindre rétribution des élèves, les Pères de Terre-Sainte partagent chaque jour avec les plus pauvres leur pain et leur soupe.

Cependant, à force de sacrifices, ils ont enfin pu établir un collége arabe dans leur couvent. Là, comme à Harissa dans le Mont-Liban, les jeunes missionnaires, qui arrivent chaque année d'Europe, se préparent à la prédication par l'étude approfondie des langues orientales.

Ce couvent, suivant la règle de l'Ordre, accueille gratuitement chaque étranger, quelle que soit sa fortune, quelle que soit sa croyance.

Mais Damas est le seul point de la *Syrie*, où les Franciscains puissent rendre un nouveau service à la religion, et couronner tant d'œuvres méritoires. La garde des sanctuaires et des lieux consacrés par la mémoire de Jésus-Christ ou des Apôtres, est exclusivement réservée aux Pères de Terre-Sainte en *Palestine* : ils en sont responsables, en quelque sorte, envers la catholicité tout entière. A Damas, ils ont de même le pieux devoir de conserver et d'entretenir la chapelle basse, construite sur la maison d'Ananie.

Ils nous menèrent au dehors de la ville, sur la route de Jérusalem, à l'endroit où s'était opéré le miracle de la conversion de saint Paul. Saul, frappé de cécité, fut conduit par la main dans une maison dont on montre encore la place ; il y resta trois jours sans boire ni manger.

Plus loin, on nous fit voir la fenêtre, d'où ses disciples le descendirent un jour dans une corbeille, pour le soustraire à la fureur des juifs.

Ce côté de la ville n'est plus bordé, comme à l'occident et au midi, par ces clôtures en boue desséchée que, faute de pierres, les habitants durcissent entre des planches. Ici, au contraire, nous passons au pied de solides remparts, de hautes et fortes murailles, dont la gloire est d'avoir résisté aux armées réunies des Allemands, des Français et des princes Syriens. Malgré la valeur personnelle de l'empereur Conrad, malgré les efforts de notre Louis le Jeune et de Baudouin, roi de Jérusalem, les Croisés se virent obligés, après un long siége, d'abandonner l'espoir de conquérir Damas (1147). — Les fortifications que nous admirons encore remontent au temps des Romains ; ces conquérants avaient élevé la *Porte orientale*, porte à trois larges ouvertures, dont deux sont murées aujourd'hui. Saint Paul y passa pour entrer dans la ville ; ensuite il suivit la *Via Recta* jusqu'à la maison de saint Ananie.

Cette *Via Recta*, longue d'une lieue, traverse
Damas de part en part comme autrefois ; elle est
encore sa principale et sa plus riche artère. Rien
ne change en effet, excepté les hommes, dans
l'immuable Orient. L'air et le soleil suffisent pour
y conserver les monuments de l'antiquité la plus
reculée. Les descriptions de l'Écriture, après
plusieurs milliers d'années, s'appliquent aussi
exactement à la face du pays, dont elles nous
représentent jusqu'aux moindres détails avec
une invariable fidélité...

XIV

Tandis que nous suivions la *Via Recta*, repas-
sant dans notre mémoire les traits principaux de
la vie de saint Paul, et le cœur plein du souvenir
du grand Apôtre, nous apercevions une animation
extraordinaire autour de nous. Malgré l'excessive
chaleur, elle semblait grossir à chaque instant.
L'immense population de Damas, sortie pour un
moment de son apathie habituelle, circulait,
s'agitait d'une manière étrange et sans cause
apparente.

Les bazars s'encombraient d'acheteurs peu
sérieux qui venaient s'asseoir sur le devant des
boutiques : une discussion animée s'engageait
alors entre eux et les marchands accroupis. Mais
bientôt convaincus de l'inutilité de leurs efforts,
ceux-ci renonçaient à la fatigue de la dispute.

Donc ils reprenaient gravement leur pipe, pour la fumer avec une majestueuse hauteur, sans plus se préoccuper du nouveau venu, désormais assuré de sa place sur leur comptoir.

Les deux côtés de la rue étaient garnis de vieillards et d'enfants : ceux-ci à demi nus, mais richement armés, jouaient assis par terre ; ceux-là avaient pris soin d'emporter avec eux un escabeau et un *houka*, parfumé d'eau de rose. A tout moment dérangés par d'importuns voisins, ils n'en continuaient pas moins imperturbablement leur muette rêverie.

Souvent une longue file de chameaux attachés par la tête prenait le haut du pavé, et renversait bruyamment tous les obstacles qu'un Turc amoncelle auprès de lui. Le danger passé, chacun retirait, dans cette confusion, son matelas ou sa pipe, sa cruche ou ses pastèques, ses babouches ou son riz. Cela ne se passait pas toujours sans quelques coups : les chiens hurlaient alors en mordant les jambes des querelleurs. Puis venait un *hammal*, plus chargé qu'un chameau : en passant auprès d'eux, il en jetait par mégarde plusieurs par terre, et mettait ainsi tout le monde d'accord.

De petits ânes, tout couverts de grelots, étaient suivis par des jeunes garçons, qui les excitaient sans cesse de la voix et du bâton ; ils trottaient bravement, malgré l'énorme poids et les soupirs déchirants des Anglais gros et joufflus, dont les longues jambes pendaient jusqu'à terre.

Voici une *sébil* ou fontaine publique : son large toit est soutenu par des colonnes de jaspe et de marbre rose ; un grillage doré l'entoure. Sur les murs blancs ou bleus sont sculptées en relief quelques courtes prières, chefs-d'œuvre de la calligraphie orientale. Une écuelle d'étain pend à une longue chaîne : chacun vient en approcher ses lèvres, et désaltérer pour quelques instants sa soif ardente. Assis sur les marches, des Noirs du Soudan font dévotement leurs ablutions, et s'accroupissent ensuite comme des singes au milieu de la poussière.

A côté de la fontaine, le bain, aujourd'hui désert, et la boutique du barbier où la jeunesse élégante est réunie. On cause, on débite mille nouvelles, on rit en attendant son tour. Le vieil artiste, armé d'un énorme rasoir, ses lunettes sur le nez, rase soigneusement les tempes et la tête du patient ; il n'y laisse qu'une longue mèche par laquelle, à l'instant de sa mort, Azraël, l'ange du jugement, pourra le saisir et le transporter au pied du trône d'Allah.

Une musique discordante, des flûtes nasillardes et l'éternel tambour de basque, si expressivement nommé *doum-doum*, annoncent l'arrivée d'un double cortége. La *fantasia*, cette fois, sera complète.

Une mariée, entièrement vêtue de rouge, et enveloppée d'un voile que serre sur sa tête un diadème d'or, marche, complétement cachée à tous les regards. On tient au-dessus d'elle un grand dais; les matrones, qui la conduisent à la maison de son mari, l'entourent avec leurs cierges allumés. Derrière elle on porte de grands vases, des étoffes et le coffret, solidement cadenassé, qui, dans ses tiroirs de santal ou d'ébène, renferme les bijoux, les mouchoirs et les plus belles parures.

Par moments la procession s'arrête : alors les femmes jettent ensemble mille cris aigus, et déchirent l'air par les plus inconcevables trilles qu'un gosier humain puisse produire, et surtout qu'une oreille civilisée puisse entendre.

Ensuite, vient le cortége d'un jeune enfant,

paré de superbes habits de velours et de soie, et monté sur un grand cheval noir : il se promène ainsi pendant deux jours, et le troisième il sera circoncis.

Plus loin, devant une maison en ruines et depuis longtemps abandonnée, des tréteaux sont dressés. Les groupes se forment et grossissent en un clin d'œil, impatients d'entendre les mordantes facéties que va leur débiter le fameux *Karagheuz*. Aristophane de carrefour, la marionnette orientale n'épargne personne. Sa verve satirique va traduire sur la scène, avec une inexprimable licence, et flageller impitoyablement les ridicules et les vices des disciples de Mahomet.

Cependant, les terrasses se garnissent de curieux, plus riches ou plus pacifiques. Parfois même les fenêtres grillées, toujours si obstinément fermées, s'entr'ouvrent discrètement, et laissent apercevoir une petite main retirée à la hâte, ou deux beaux yeux humides et pénétrants.

Autour de nous se pressait une foule venue de tous les points de l'Orient : de lourds soldats Turcs, se tenant par la main, s'avançaient en chantant : ils précédaient des Arabes nerveux, fils du désert. L'iman à la barbe vénérable, coiffé d'un turban noir, coudoyait des Derviches mysti-ques et comme inspirés, qui poussaient par in-tervalles de rauques hurlements. Des prêtres grecs, la tête enveloppée d'un long voile, traver-saient à la hâte pour laisser le champ libre à un Santon.

Cet objet des vénérations de la foule ne se traînait qu'avec peine, rappelant les tableaux de saint Jérôme par son grand âge, sa figure ascé-tique, son effrayante maigreur et sa nudité.

Quatre ulémas, portant le turban vert, signe distinctif de la descendance du Prophète, mar-chaient à pas lents : les uns lisaient avec solennité un chapitre du Kôran, les autres récitaient des prières, qu'ils interrompaient par la litanie des quatre-vingt-dix-neuf noms du Seigneur.

Derrière les Druses, brigands toujours redou-tables, même au sein des villes, et la menace sur les lèvres, se glissaient timidement des Juifs à la robe rayée, au manteau bordé de fourrures. Quelques figures cuivrées d'Indiens, encadrées par de longs cheveux noirs, paraissaient à côté des Persans, aux yeux taillés en amande, à la démarche molle et efféminée.

Ainsi passaient devant nous mille costumes éclatants, portés avec une grâce et une dignité singulières. Un détachement de Bachi-bouzouks, le sabre au poing, s'avança au grand galop avec des clameurs sauvages et dispersa la foule.

Enfin, un coup de canon, parti du sérail, annonça au peuple l'heureux retour de la grande caravane de la Mecque.

Mahmoud-Pacha venait de recevoir dans la citadelle la députation qui lui apportait, sur un coussin vert, la lettre écrite à Sa Hautesse Abdul-Medjid par le grand chérif de la ville du Prophète. La Sublime-Porte n'oblige plus en effet le Pacha de Damas à quitter tous les ans pendant plusieurs mois son gouvernement, pour diriger la caravane vers la Mecque et Médine; mais le départ et le retour des pèlerins n'en sont pas moins les deux plus grandes fêtes de Damas.

Cette année, les *Hadjis*, au nombre d'un millier, avaient beaucoup souffert de la chaleur et de la dyssenterie : le gros de la troupe demeurait à quelques jours en arrière.

L'avant-garde se composait d'environ trente hommes brûlés par le soleil, d'une maigreur inimaginable, à l'air farouche, aux vêtements en lambeaux. Malgré leur fatigue, ils ne quittaient pas le chameau, sur le dos duquel deux hommes se tenaient à la fois. L'Arabe qui ouvrait la marche, frappant sur un tambourin, faisait entendre une musique barbare, que le reste de la troupe accompagnait de vociférations horribles. Les uns jouaient comme des jongleurs avec leurs pistolets chargés ; les autres brandissaient de longues lances avec des mouvements furieux. Partout ailleurs on les eût pris pour les plus dangereux des fous : aux yeux de la ville entière, c'étaient les plus pieux des pèlerins, qui venaient de racheter toutes leurs fautes passées...

Parmi nos visites à Damas, je ne puis oublier celle que nous avons faite au couvent des Derviches.

Ces Derviches vivent en communauté; ils sont les Religieux des Musulmans, comme les Santons en sont les ermites. Soit mépris pour les autres cultes, soit tolérance sincère, ces fidèles disciples d'Ali mettent sur le même pied la religion musulmane officielle, les juifs et les chrétiens. Ils ne sont guère fanatiques, et, ne refusant pas aux autres la liberté dont ils jouissent eux-mêmes, ils pratiquent à la lettre cette maxime du Kôran :

« Nous avons prescrit à chaque peuple ses cérémonies sacrées. Laisse-le les suivre, et ne le trouble pas dans ce pieux devoir.... Si quelque infidèle veut discuter avec toi, réponds-lui : Dieu connaît les actions ; le Seigneur sera ton juge et le mien. »

Cénobites de l'Islam, les Derviches mènent en général une vie très-frugale, très-austère ; ils s'abstiennent de tout plaisir, et acquièrent ainsi une grande réputation de vertu et de sainteté, — auprès du peuple et des anciens Turcs, s'entend, car les Turcs de la réforme boivent du vin, font peindre leur portrait, négligent les mosquées, se soucient fort peu du Kôran et tournent en ridicule les Derviches.

Le temps où ces mendiants vénérés s'adressaient librement au Sultan, et lui parlaient souvent avec une noble indépendance, est déjà bien loin de nous ; il faut parfois aux Derviches toute leur prudence et tout leur esprit, pour se tirer d'un mauvais pas et pour échapper à la vengeance d'un grand.

Un haut dignitaire de l'Empire, qui s'est si-

gnalé par d'importantes innovations, fort appré-
ciées en Europe, rencontre un jour un Derviche.
On s'aborde familièrement, suivant l'usage de
l'Orient où toutes les classes sont confondues; où
tout le monde est ou a été esclave; où même un
agréable garçon pâtissier, comme Riza, peut devenir un jour ou l'autre le second personnage de
la Turquie.

« — Quel est cet Achmet dont on parle tant
« depuis peu ? demande tranquillement le mi-
« nistre.

« — Un sot, un valet corrompu, un déser-
« teur de la foi, vendu aux chrétiens, répond le
« Derviche.

« — Le connais-tu ? continue le Pacha.

« — Heureusement non.

« — Et moi, me connais-tu ?

« — Non.

« — Eh bien, apprends donc que je suis Ach-
« met, dit le ministre avec un effrayant sourire.
« Sais-tu ce qui t'attend ?

« — Et moi, me connais-tu ? reprend sans se
« déconcerter le pauvre Derviche.

« — Non, répond Achmet-Pacha.

« — Eh bien, je suis de la race infortunée de

« Zobeïr, dont les descendants sont frappés de
« folie trois jours par an ; et ce jour-ci est l'un
« des trois. »

Achmet sourit et passa.

Aujourd'hui malgré les réformes essayées par
Mahmoud, le nombre des Derviches n'a pas diminué dans l'Empire. Chacune des grandes villes
contient au moins un de leurs couvents ou *Tekkés*.
Ces moines se divisent en plusieurs Ordres, que
l'on résume assez peu respectueusement en deux
classes : les *tourneurs* et les *hurleurs*. Leurs singulières cérémonies ne se célèbrent pas le vendredi, jour de prière à la mosquée, mais au contraire à des jours différents selon les lieux.

Il y a des Derviches tourneurs à Péra et à
Damas.

Tout le monde levantin se souvient que, pendant la guerre de Crimée, le feu prit au tekké de
Péra, et, poussé par l'un de ces vents impétueux
qui soufflent presque constamment dans le Bosphore, menaça de s'étendre aux quartiers voisins, encombrés de masures et de maisons de bois.

Nos soldats accoururent de leur camp de Mas-
lak pour éteindre l'incendie. Mais lorsqu'ils arrivèrent à Constantinople, la colonne trouva les Der-

viches barricadés dans leur couvent et refusant
d'en ouvrir les portes. Ils s'écriaient que jamais un
Giaour impur ne franchirait leurs parvis sacrés,
qu'il fallait louer le nom d'Allah dans l'infortune
et ne pas s'opposer à sa sainte volonté! Le feu,
heureusement circonscrit, brûla la plus grande
partie du tekké et jusqu'aux ossements vénérés
de l'un des fondateurs. Mais des aumônes pieuses, aussitôt versées dans les mains de ces étranges Religieux, et de nombreux matériaux, géné-
reusement abandonnés, leur permirent de relever les ruines de leur monastère.

Quant aux Derviches de Damas, ils sont re-
marquablement polis, et accueillants pour les
étrangers. Ils nous reçurent à la porte de leur
jardin planté de grands sycomores, et nous menèrent chez leur scheikh, qui était un fort bel
homme aux yeux très-doux, à la barbe noire et
taillée en pointe. Il était vêtu d'une longue robe
bleue, et coiffé d'un turban blanc qui entourait
un bonnet en poil de chameau, ressemblant à un
pot de fleurs renversé. Cet hôte gracieux nous
offrit le café et la pipe avec mille protestations
d'amitié, et nous annonça qu'il nous avait réservé
des places dans l'enceinte de sa chapelle.

On nous prévint que, depuis le matin, ces moines prenaient du haschich en quantité considérable, afin de se préparer aux cérémonies qui allaient suivre. Ils n'en semblaient pas moins fort calmes et se tenaient debout, les yeux baissés, les mains jointes, quand le supérieur leur parlait. Tous ces Derviches avaient la tête rasée. Ils portaient le même bonnet en feutre, mais sans turban ; leur robe d'un blanc sale, ouverte sur la poitrine, laissait voir une large amulette d'agate et descendait jusqu'à mi-jambes ; par-dessus, une veste brune, dont les manches s'arrêtaient au-dessus du coude, complétait leur costume.

Quand nous fûmes entrés dans la salle voûtée où l'on allait danser et chanter l'office, le supérieur parut, conduisant la procession. Il se dirigea vers l'enfoncement, invariablement tourné vers la Mecque, et qui, dans les mosquées, remplace l'autel ; là, il s'assit sur un tapis. Il commença des litanies, auxquelles toute l'assistance répondait, et prononça ensuite un sermon assez court, visiblement adressé aux seuls Derviches qui, rangés en cercle autour de lui et accroupis par terre, écoutaient, la tête baissée et les bras croisés.

En face de nous, dans la tribune des femmes,

derrière la balustrade, se tenait une très-grande
dame que l'Europe entière a connue. Merveilleusement douée par la nature et par la fortune,
adorée de tous ceux qui l'ont une fois aperçue,
elle s'est laissé égarer par une passion fatale

« Et du funeste amour dont la honte la suit
Jamais son triste cœur n'a recueilli le fruit. »

Repoussée par celui-là même qui avait causé
sa faute et ses malheurs, elle est tombée de chute
en chute, après mille aventures, aussi bas que
l'on puisse tomber. Belle encore et toujours gracieuse, spirituelle, sensée même lorsqu'il s'agit
des autres, elle est venue chercher la solitude
dans ces régions lointaines de l'Orient, et demander au désert le repos et peut-être l'oubli.

Son dernier mari, un jeune Bédouin, au moins
insignifiant, qu'elle avait épousé au milieu des
ruines de Palmyre, était assis à côté de nous et
semblait suivre avec un vif intérêt la prédication
du scheikh.

Après la fin de cette première partie de la cérémonie, des musiciens placés sur une estrade
chantèrent en s'accompagnant de flûtes et de
tambourins. L'air de ce *Zikre* nous sembla fort

bizarre, et, malgré la première impression désagréable, il vaudrait la peine d'être noté, car il est
très-dansant et réellement harmonieux.

A peine a-t-il commencé, que le scheikh frappe
dans ses mains ; à ce signal le Derviche placé à
sa droite se lève, le salue profondément et se met
à tourner. Puis le scheikh fait signe au deuxième,
qui se lève de même, le salue, etc., etc., et ainsi
des autres. Ils sont environ une vingtaine.

Le danseur commence par tourner en tenant
ses mains croisées sur sa poitrine ; mais bientôt
il les écarte, le bras gauche tombant en avant, et
la main droite relevée à la hauteur de l'œil, fixe et
démesurément ouvert. Il pirouette peu à peu avec
tant de vitesse, que la jupe de sa robe s'élargit et
s'arrondit comme une cloche. Toute la communauté valse ainsi, emportée par la mesure qui se
précipite de plus en plus, l'air inspiré, les yeux
noyés dans une espèce d'extase, tandis que le
scheikh tourne lui-même très-lentement auprès
de son tapis.

J'ai vu l'un de ces Derviches tourner pendant
dix-sept minutes entières, et toujours parfaitement en mesure : au premier signe que leur
fait le scheikh, tous s'arrêtent, s'accroupissent

par terre et reprennent leur première attitude.

Cette espèce de ballet en l'honneur d'Allah est infiniment plus divertissante que les cérémonies des Derviches hurleurs : on peut les voir à Scutari, à Smyrne et au Vieux-Caire.

Les tourneurs n'étaient guères que des insensés ; ceux-ci sont des fous furieux, dont il faut autant que possible se tenir à distance.

Sur les murs de leur mosquée, tant que dure le *Zikre*, on voit suspendus des étendards, des tambours, des lances, des piques, des sabres, tout un arsenal étrange et fort peu rassurant.

Les Derviches hurleurs, fort débraillés, la chevelure longue et inculte, les yeux étincelants, se tiennent debout en cercle autour du scheikh. Celui-ci vient auprès de chacun d'eux, et leur donne en quelque manière le ton ; il les excite et les grise, au point que ces misérables, entonnant avec toutes sortes de contorsions des chants barbares, arrivent bientôt à pousser des cris inarticulés, comme des bêtes sauvages, et à remuer leur tête d'une manière effrayante, en la renversant sur leur dos ou sur leur poitrine.

Ici ne s'arrête pas qui veut, et je vis un jeune homme tomber par terre, épuisé de fatigue, en proie à une violente attaque de nerfs. Le scheikh accourut, le releva fort doucement, le prit dans ses bras et lui donna encore du haschich, — singulier remède pour un enfant, qui ne cessait de pleurer et de se débattre en criant !

Un Derviche plus âgé continuait à hurler d'une voix rauque et à se démener, comme entraîné par un mouvement irrésistible : tout à coup, il prit sa tête dans ses mains avec un geste de suprême angoisse, et, nous montrant sa figure livide, contractée par la souffrance et par la folie, il courut se jeter contre la muraille avec tant de force, qu'il tomba renversé, couvert de sang et d'écume, et demeura immobile.

XV

Nous avions l'intention, en quittant Damas, de visiter la Terre-Sainte et de pousser jusqu'à Jérusalem. On nous avait assurés à Beyrouth qu'il nous faudrait revenir dans cette ville pour suivre la côte de la Méditerranée jusqu'à Jaffa, ou du moins jusqu'au Carmel, — cette route étant la seule où, à toute époque, les voyageurs n'eussent rien à redouter. Mais nous trouvâmes à Damas les esprits fort calmes et fort tranquilles. On attendait l'arrivée d'un nouveau Pacha, et personne ne songeait à lui donner, pour ses débuts, quelque sujet de mécontentement. Grâce à cet heureux concours de circonstances, le gouvernement turc et les scheikhs arabes, les Druses et les Maronites, les Chrétiens et les Métoualis vivaient pour le moment en bonne intelligence. Nous devions nous hâter d'en profiter.

Nous ne prîmes aucune escorte ; cette fantaisie, toujours fort coûteuse, est souvent inutile et parfois pleine de dangers.

Notre petit voyage à travers le désert et les grandes plaines d'Esdrelon et de la Samarie se passa cependant sans aucune mauvaise rencontre. Je me trompe : en arrivant au sommet d'une colline, l'aspect tout pacifique de notre petite troupe, composée de six hommes et d'un enfant, épouvanta si fort deux cavaliers turcs qui montaient de notre côté, qu'ils rebroussèrent chemin et s'enfuirent au galop.

Le lendemain, nous croisâmes un Bédouin triste et sale, armé d'un long fusil, et perché sur le dos d'un mulet par-dessus tout son mobilier. Il y avait là les débris d'une tente, quelques sacs à moitié vides, un escabeau, un tapis en poil de chèvre, une cruche et des outres. Une pauvre femme, qui se détourna pour nous cacher son visage, suivait humblement à pied en portant la grande lance du Bédouin, son mari.

Abd-el-Kader revenait en ce moment de Jéru-

salem : il avait passé au milieu de tribus arabes
qui reconnaissent à peine l'autorité nominale de
la Sublime-Porte, et, suivant presque toujours
une ancienne voie romaine qui reliait à la Judée
la Trachonite et l'Iturée, il était arrivé en quatre
jours au terme de son pèlerinage. Notre route a
duré le double; mais nous avons parcouru toute
la Galilée ainsi que la Samarie, de manière à ne
laisser de côté aucun des lieux célèbres de la
Palestine.

Rien n'enseigne plus la patience que la vie de
caravane. Nous avions compté quitter Damas au
lever du soleil : il était plus de neuf heures quand
nous nous mîmes en route.

Lorsque, après avoir traversé bien des rues,
bien des places, nous sortîmes enfin par la porte
du Sud-Ouest, les moukres, qui devaient nous
y attendre, manquèrent naturellement au rendez-
vous; ils s'étaient attardés dans la ville. Le drogman courut à leur recherche de bazar en bazar,
de café en café. Nous étions seuls, pour plusieurs
heures sans doute, ignorant le chemin, et exposés
aux rayons d'un soleil brûlant. On décida donc
d'entrer dans un grand cimetière, et, attachant
nos chevaux au tronc d'un cyprès, nous cher-

châmes l'ombre et la fraîcheur au milieu des tombeaux.

Les Orientaux se font de la mort une tout autre idée que la nôtre et l'entourent d'images plus douces, de pensées plus consolantes. Leurs épitaphes n'ont rien de lugubre ; elles adressent à la mémoire du défunt des paroles d'espérance et d'amour, toujours revêtues de figures poétiques. Sur la tombe d'une femme, on lira cette gracieuse inscription : « Le rossignol est allé faire entendre sa douce voix dans un bois ravissant, » ou bien : « La rose s'est parfumée d'une plus précieuse senteur. »

Dans la partie du cimetière réservée aux hommes, on trouvera ces pensées plus sévères : « Le marin vogue à présent sur une mer sans orage, » ou encore : « Le savant goûte pour toujours les pures et austères délices de la science et du commerce des sages. »

La plupart de ces tombes sont couvertes de fleurs, entretenues avec grand soin : roses, œillets et soucis ; d'autres sont entourées de vieux platanes ; ailleurs, la large dalle qui recouvre le corps est percée d'un trou, dans lequel on a planté un figuier. Les parents ne craindront pas de s'asseoir sur cette tombe et de cueillir les fruits de cet arbre, ainsi fertilisé par la dépouille du mort.

A certains jours, en général le vendredi, tandis que les hommes se rassemblent dans les mosquées, les femmes viennent prier et pleurer sur ceux qu'elles ont perdus : en quittant le cimetière, elles laissent sur ces tombes vénérées des corbeilles remplies de riz, de dragées et de fruits. Est-ce un sacrifice pour apaiser la Divinité? est-ce une offrande à ceux qui ne sont plus sur la terre? ou plutôt espère-t-on attirer les voyageurs dans cette enceinte sacrée et les engager, eux aussi, à prier par reconnaissance pour les morts hospitaliers, dont l'accueil généreux se prolonge au delà même du tombeau ?

L'étendue de ces cimetières est immense, car jamais on n'enterre deux morts à la même place. Bien avant nos règlements assez incomplets et surtout fort mal exécutés sur cette question, les cimetières étaient toujours situés en Orient à l'extérieur des villes, — même à Constantinople, où une grande distance sépare Stamboul, la cité turque, du Grand et du Petit Champ des morts, ainsi que de la nécropole de Scutari.

D'ailleurs les cimetières ne renferment que les

habitants des classes moyennes. Les princes, les grands et les prêtres sont déposés dans l'enceinte des mosquées, quelquefois même à l'intérieur du temple, selon leur degré de sainteté. Quant aux pauvres gens, on leur creuse tout simplement une fosse peu profonde sur le bord de quelque route; et chaque musulman qui passe jette pieusement sur cette misérable tombe une pierre, grande ou petite, en murmurant le saint nom d'Allah, après s'être tourné vers la Mecque....

Mais nos moukres, sur lesquels nous ne comptions déjà plus, sont enfin arrivés. Il faut nous éloigner de Damas, et tâcher de regagner le temps perdu.

Voici le petit village de Darâya, où s'était habilement établie, il y a sept siècles, l'armée des Croisés. Elle se serait aisément rendue maîtresse de Damas, ouverte de ce côté, si les dissensions entre les princes et surtout la trahison de quelques uns des chefs chrétiens ne l'avaient déterminée à lever le camp pour se présenter ensuite du côté de l'Orient, en face de remparts inexpugnables. La route que nous suivons jusqu'au Jourdain est précisément celle que remontaient les armées française et allemande de la seconde

Croisade, en se dirigeant de Saint-Jean d'Acre sur Damas.

Toute verdure a disparu depuis plusieurs heures, et cependant le pays que nous traversons n'est pas le désert. Point de sables fins et mouvants, comme en Égypte ; point de monticules amassés par le vent, ni de plaines longues et arides, désolantes par leur uniformité. Ici, au contraire, nous voyons des champs, des ravins, des vallons, de hautes montagnes et des pics isolés à une distance prodigieuse, que rapproche la transparence de l'air. S'il y avait dans cette contrée une petite source, un mince filet d'eau, tout le pays deviendrait bientôt aussi fertile que le *Jardin de Damas* ou que l'oasis de Kefr-Hawâr, où nous voulons nous arrêter cette nuit.

A Katana, nous passons devant un grand *tumulus*, comme on en rencontre si fréquemment dans l'Asie Mineure, et comme les Druides en avaient élevé dans la Scandinavie.

Les pieux Musulmans appellent celui-ci le *Tombeau de Caïn*. Ils prétendent qu'après bien des années passées à errer sur la terre, maudit de Dieu et des hommes, et marqué au front d'un signe ineffaçable qui défendait de le tuer, le premier-né des fils d'Adam voulut revoir le lieu du meurtre d'Abel, et pleurer encore son fratricide ; qu'ensuite, se sentant mourir, il n'avait pas osé s'endormir pour toujours à côté de son frère, et, quittant l'Abylène, était descendu au pied de ces montagnes pour y attendre sa fin tant désirée.

Depuis Katana le pays est coupé d'une quantité de petites collines, qu'il faut gravir et descendre continuellement avec beaucoup de fatigue. A notre gauche se trouve Kaukab, où s'arrêta le persécuteur de l'Église de Dieu, que l'on nommait encore Saul, et qui avait promis au Grand-Prêtre de lui ramener prisonniers tous les chrétiens, hommes ou femmes, de Damas [1].

Plus loin est Beitûn, où les Arabes nous montrent avec orgueil le *Tombeau de Nemrod*, qui ressemble beaucoup à celui du Géant, en face de Buyuk-Déré, sur le Bosphore. Ils ajoutent que jamais la rosée de la nuit n'est tombée sur ce lieu vénéré, et que les chacals, les hyènes et les onces de la montagne redoutent encore le voisinage du « grand et hardi chasseur devant l'Éternel. »

Nous montons lentement et péniblement l'un

---

[1] *Actes des Apôtres*, IX, 2.

des derniers rameaux du Djebel-esch-Scheikh. Parvenus au sommet, le guide nous invite à nous retourner pour admirer une dernière fois Damas, que le soleil couchant colore, et qui nous apparaît dans le lointain comme une île de lumière et de verdure. Damas, si belle et si justement célèbre, est peut-être la plus ancienne ville du monde. Contemporaine de la Genèse et des patriarches, elle a survécu aux désastres dont la menaçait Isaïe ; mais, du pied de l'Anti-Liban, elle est descendue dans la plaine sous les Séleucides. Tour à tour romaine, grecque ou musulmane, Damas a conservé son importance, qui ne peut que grandir encore par sa situation exceptionnelle ; placée sur la route de l'Arabie, des Indes et de la Perse, elle ouvre à la science, au commerce et à la fortune ces contrées longtemps séparées de l'Occident, et aujourd'hui enfin rendues à la civilisation.

Notre rude journée s'achève à l'oasis de Kefr-Hawâr. Nos tentes se dressent beaucoup trop près, pour notre repos, des sales huttes du village arabe ; j'obtiens à grand' peine qu'elles soient reportées un peu plus loin ; au bord d'une petite source, où les femmes de la tribu viennent puiser de l'eau.

Ces femmes portent leurs cruches avec grâce, tantôt sur leur tête et tantôt sur une main renversée, comme les figures Assyriennes des bas-reliefs antiques. Presque toutes ont le nez percé d'un *hronfli* de turquoise ; quelques-unes remplacent le *hronfli* par un anneau, d'où pendent des sequins et des piastres ; les plus pauvres mêmes (où la coquetterie ne va-t-elle pas se nicher ?..) portent un petit clou de paille taillé en étoile. Quelques femmes entourent de grands cercles leurs jambes nues ; mais toutes portent au moins deux bracelets, absolument pareils, à chaque poignet.

Les dessins de ces bijoux d'argent ou de cuivre, bien que très originaux, peuvent être ramenés à trois types uniformes : soit une bande plate, sur laquelle sont tracées des feuilles et des fleurs ; soit des boules de filigrane, dont le cœur est formé d'une turquoise ; soit enfin une large corde entre deux cercles unis. Ce bracelet, que l'on rencontre le plus fréquemment, chez les fellahs de l'Égypte comme chez les bédouines du Désert, est sans contredit le plus ancien et le plus curieux : on affirme même qu'il a été copié sur celui qu'Isaac offrit jadis à sa fiancée Rebecca.

Au matin les habitants de Kefr-Hawâr nous apportent quelques petites provisions, des dattes, du beurre et quel beurre! Le lait du moins est passable, malgré son goût et son odeur extraordinaires : il serait impossible, en effet, de faire vivre des vaches sur les pentes brûlées de la montagne ou dans la plaine desséchée. A ce moment de longs troupeaux de chèvres rousses, aux oreilles pendantes, couvertes d'une espèce de toison comme nos moutons, sortent du village et s'écartent dans toutes les directions, d'un petit air mutin et décidé. Nous laissons nos hôtes enchantés de notre visite à l'oasis, comme nous de leurs prévenances si douces et de leur discrétion ; les chiens, qui n'ont recueilli que peu de chose à notre frugal repas, sont moins satisfaits et nous suivent longtemps en hurlant.

Nous marchons plusieurs heures vers l'ouest, hors de tout chemin frayé, sans apercevoir aucun arbre, sans rencontrer d'autre source qu'un puits salé, dont nos moukres écartent avec soin chevaux et mulets.

Après Beït-Djenn, on s'engage dans un défilé qui conduit de plateau en plateau jusqu'à un point fort élevé, d'où l'on aperçoit à la fois au-dessus de sa tête l'Anti-Liban ; au midi, les montagnes de Saphed dans la Galilée ; à l'orient, les cimes volcaniques du Haûran impénétrable.

On rapporte qu'Abraham, sorti de cette terre mystérieuse, alla poursuivre jusque dans la plaine de Damas, et disperser les armées des cinq rois qui avaient emmené Loth, son neveu, prisonnier avec ses esclaves et ses troupeaux ; au retour, le patriarche s'arrêta au pied de cette même montagne, pour offrir au Seigneur un sacrifice de reconnaissance et lui faire hommage de sa victoire.

Vers le milieu du jour nous passons auprès d'un camp de Bédouins. Les chameaux, agenouillés sur le sol dur et pierreux, semblent s'y reposer avec délices ; quelques buffles à demi sauvages, ruminent lourdement ; les chevaux dispersés cherchent à travers les broussailles une maigre touffe de gazon. Toute la tribu dort sans doute, ou fait la sieste. Mais les chiens furieux aboient à notre approche : nous continuons notre chemin à la hâte, sans répondre aux cris des sentinelles placées de distance en distance sur la lisière du camp. Les tentes sont longues, basses, noires et d'une excessive malpropreté : l'une d'elles s'est entr'ouverte, et nous avons aperçu une affreuse vieille, dont la figure n'était malheureusement pas assez voilée, et qui faisait bouillir une sorte de brouet infect, que des petits enfants, nus comme des vers, regardaient avec admiration en attendant le moment du festin.

Le soleil n'est pas couché, et nous voici déjà arrivés au seuil de la Palestine : nous entrons dans Banias, l'ancienne Panéade ou Césarée de Philippe.

C'était encore une ville considérable au temps des Croisades : Baudouin II livra devant ses murs une bataille à Doldequin, soudan de Damas, et lui tua plus de deux mille hommes; Louis le Jeune et ses alliés s'y arrêtèrent quelque temps ; une partie de l'armée de saint Louis y succomba sans avoir pu déloger les Sarrasins de la forteresse.

Banias n'a conservé de ces anciens souvenirs que les ruines de son château fort, et une partie de l'enceinte crénelée. Au milieu de ces décombres, l'on aperçoit à peine une douzaine de pauvres maisons, à demi creusées dans la terre, et qui ne s'élèvent guère à plus d'un mètre au-dessus du niveau du sol. Mais sur chacun de leurs toits plats, formant terrasse, est perchée une cabane de feuillage, pareille aux huttes d'Alexandrette : ainsi, chaque habitant de Banias a, sans sortir de chez lui, sa maison d'hiver et sa campagne d'été.

Ici finit la Syrie proprement dite, et commence la Terre-Sainte.

Pour aller à Jérusalem, on n'a plus qu'à descendre vers le midi en longeant la rive droite du Jourdain; mais si le voyageur préfère suivre la côte plus sûre de la Méditerranée, il pourra arriver en dix heures à Tyr, la moderne Sour, — ou regagner Saïda par deux ou trois journées de route à travers le pays des Druses.

Quant à nous, passons rapidement par Banias, et continuons notre marche; car le jour va finir, et la nuit, sans crépuscule, le remplacera aussitôt. Traversons le territoire de Dan, fameuse au temps d'Abraham; pénétrons dans la tribu de Nephtali, à qui Jacob mourant prophétisait l'agilité de ses soldats et la beauté de ses cantiques, Nephtali, dont Isaïe avait prédit qu'une grande lumière viendrait éclairer ce peuple assis dans la région des ténèbres à l'ombre de la mort.

Nous arrivons à la source du Jourdain, le

fleuve du Jugement, sanctifié par le baptême de Jésus-Christ. D'anciens auteurs, et en particulier Joinville, donnent de son nom l'origine suivante : « Césaire, dit-il, est séant sur une belle fontaine « qu'on appelle le Jour. Et ez plains qui sont « devant icelle cité, y a une aultre moult belle « fontaine qu'on appelle Dain. Et s'entre-as-« semblent les ruisseaux de ces deux fontaines « assez loing de la cité, et en est appelé le fleuve « d'icelles fontaines le fleuve du Jourdain. »

Quoi qu'il en soit de cette bizarre étymologie, assurément très-discutable, le fleuve sort en bouillonnant d'un large bassin naturel ; mais l'on croit avec raison que sa véritable source est au pied de l'Anti-Liban. Ce site, si rempli de grands souvenirs, si riche en émotions religieuses, surprend agréablement le voyageur fatigué d'une route poudreuse et monotone. De toutes parts s'élèvent dans la prairie, arrosée par de limpides ruisseaux, des acacias, des noyers, d'antiques sycomores, des arbres de Judée, des citronniers et des ormes de Samarie.

Bien des siècles ont passé sur cette porte de la Terre-Sainte depuis les touchantes paroles du Psalmiste : « Je me souviendrai de vous, Séi-

« gneur, quand je serai à la source du Jourdain,
« au pied de l'Hermon et devant la petite mon-
« tagne! » Plût au ciel que le cœur des hommes
fût demeuré le même, et que ses sentiments de
reconnaissance envers le Créateur eussent été
aussi durables que les mâles beautés de ces
saints lieux!

C'est en effet au bas de la dernière chaîne de
l'Hermon, c'est sur les bords du Jourdain que
nous nous reposons au pied d'un *tumulus* sans
nom, mais consacré par le double souvenir de
l'Ancien et du Nouveau Testament.

Suivant la tradition chrétienne, ce fut sur cette
élévation que le Rédempteur du monde, qui
choisissait souvent le séjour des montagnes,
assembla une fois ses disciples. Il avait apaisé
la tempête sur la mer de Galilée, multiplié les
cinq pains, guéri le paralytique et l'aveugle-né,
ressuscité la fille de Jaïre, et, par ses paroles plus
encore que par ses miracles, il s'était révélé à la
Judée. Jésus demanda donc à ses disciples ce
qu'on pensait de lui?

Ils répondirent que les Juifs le prenaient pour
un des prophètes reparu sur la terre.

— Et vous-mêmes? continua-t-il.

Alors s'engagea ce dialogue sublime, dont toutes les paroles établirent du même coup, avec une invincible autorité et sur des bases éternelles, le pouvoir suprême de la papauté et de l'Église, paroles de vie et de miséricorde, que les chrétiens doivent aujourd'hui, plus qu'en tout autre temps, méditer avec une pieuse confiance et répéter encore avec amour :

« Simon Pierre prenant la parole, lui dit :
« Vous êtes le Christ, fils du Dieu vivant.

« Jésus répondit : Vous êtes bienheureux, Si-
« mon, fils de Jean, car ce n'est point la chair ni
« le sang qui vous ont révélé ceci, mais mon
« Père, qui est dans le ciel ;

« Et moi, je vous dis que vous êtes Pierre, et
« que sur cette pierre je bâtirai mon Église ; et
« que les portes de l'enfer ne prévaudront point
« contre elle ;

« Et je vous donnerai les clefs du royaume des
« Cieux, et tout ce que vous lierez sur la terre
« sera lié dans le ciel, et tout ce que vous dé-
« lierez sur la terre sera délié dans le ciel[1]. »

[1] Matth., xvi, 16-19.

FIN

TABLE DES MATIÈRES.

—··————

FIN DE LA TABLE.

Paris. — Imp. W. REMQUET, GOUPY et Cie, rue Garancière, 5.

www.ingramcontent.com/pod-product-compliance
Lightning Source LLC
Chambersburg PA
CBHW070618100426
42744CB00006B/531